PARTI SOCIALISTE
(SECTION FRANÇAISE DE L'INTERNATIONALE OUVRIÈRE)

PARTI SOCIALISTE

(SECTION FRANÇAISE DE L'INTERNATIONALE OUVRIÈRE)

XXIVᵉ CONGRÈS NATIONAL

17, 18, 19 et 20 Avril 1927

LYON

RAPPORTS

PRIX : 4 francs

PARIS
LIBRAIRIE POPULAIRE
12, Rue Feydeau, 12
1927

TABLE DES MATIÈRES

RAPPORT ADMINISTRATIF

présenté par J.-B. SÉVÉRAC
Secrétaire Adjoint du Parti

Du Congrès de Clermont-Ferrand au Congrès de Lyon

XIIIᵉ CONGRÈS NATIONAL
(Clermont-Ferrand, 23-26 Mai 1926)

Ordre du jour :

Le 23ᵉ Congrès national du Parti socialiste S.F.I.O., tenu à Clermont-Ferrand (Puy-de-Dôme) du 13 au 16 mai 1926, avait à son ordre du jour les questions suivantes :

1° *Rapports de la Commission administrative permanente ;*

2° *Rapport de la Délégation du Parti à l'Internationale ;*

3° *Rapport du Groupe socialiste au Parlement ;*

4° *Socialisme et Politique coloniale ;*

5° *Quotidien du Parti ;*

6° *Réorganisation des Jeunesses ;*

7° *Renouvellement des organismes centraux.*

Les rapports de la C.A.P. (secrétariat et trésorerie) avaient été publiés en brochure. Les rapports de la délégation à l'Internationale et du Groupe socialiste au Parlement avaient paru dans le *Populaire*, ainsi qu'un rapport introductif de la Commission d'Etudes coloniales et un projet de l'administrateur du *Populaire* sur les conditions matérielles de la création d'un quotidien.

Les Rapports, la Politique générale et la Discipline.

Le rapport de la délégation à l'Internationale est adopté à l'unanimité.

Les rapports de la C.A.P. et du Groupe socialiste au Parlement sont adoptés à l'unanimité moins trois et six voix, ce vote signifiant qu'on reconnaît l'exactitude matérielle des rapports et qu'on s'en réfère, pour le surplus, à la motion de politique générale et de discipline qui servira de conclusion aux débats.

L'accord des diverses tendances n'ayant pu se faire au sein de la Commission des Résolutions, chacune des trois fractions qui la composaient est revenue devant le congrès avec sa proposition à elle.

La fraction, représentée au sein de la Commission des Résolutions par Maurice et Coll, a soumis au congrès son projet de résolution.

C'est aussi ce qu'a fait la fraction représentée par Paul-Faure, Blum, Lebas, Bracke, Zyromski, Mailly, Uhry, Hussel, Isnal, Broussillon, Compère-Morel, Bonnet, Osmin, Havenne, Louis Lévy, Sévérac, Longuet, Inghels, Sixte-Quenin.

Quant à la fraction représentée par Renaudel, Evrard, Gaston Lévy, Déat, Marquet, Grumbach, Paulin, Dormoy et Goude, elle n'a soumis aucun texte au Congrès et a demandé aux délégués de même tendance de s'abstenir.

On se trouve donc en présence de deux motions. La division de la motion Paul-Faure etc., ayant été demandée, il y a lieu de procéder à trois votes : 1° Sur la première partie de cette motion ; 2° Sur la seconde partie ; 3° Sur l'ensemble. Et il est entendu que c'est seulement au vote sur l'ensemble que les partisans de la motion Maurice se compteront.

Le premier vote donne les résultats suivants :

Pour la motion Paul-Faure (1re partie). 2.277 mandats
Contre .... 23 —
Abstentions .... 707 —
Absents .... 112 —

Le deuxième vote :

Pour la motion Paul-Faure (2e partie). 1.950 mandats
Contre..................................... 312 —
Abstentions .... 838 —
Absents .... 19 —

Le troisième vote (sur l'ensemble) :

Motion Paul-Faure .... 2.249 mandats
Motion Maurice .... 166 —
Abstentions .... 685 —
Absents .... 19 —

Voici le texte de la résolution votée :

Le Congrès rappelle et confirme les deux décisions des Congrès extraordinaires qui se sont prononcés contre la participation ministérielle ; décisions qui demeurent la loi du Parti et qui règlent son action collective comme l'action individuelle de chacun de ses membres.

Le Congrès déclare faire sien le manifeste publié le 18

mars dernier par C. A. P. et le Groupe socialiste au Parlement, où sont exactement définis les retards, les reculs, les hésitations qui ont empêché les partis démocratiques de mettre à profit l'effort de soutien que le Parti socialiste avait mis à leur disposition.

Le Parti reste néanmoins résolu à reprendre cet effort à l'appui de tout gouvernement qui, en combattant la réaction, travaillerait à rétablir la situation financière de la France, sans reculer devant la résistance des puissances capitalistes, sans surcharger injustement le travail, et sans jamais oublier que l'intérêt général dépend de la réalisation chaque jour plus complète des revendications de la classe ouvrière.

L'action de soutien du Parti s'exercera, le cas échéant, dans les conditions formulées au Congrès de Grenoble, et en tenant compte de l'expérience acquise, c'est-à-dire sans qu'il renonce à son indépendance, sans qu'un pacte permanent le lie à d'autres partis ou au gouvernement lui-même, sans que les contacts et les relations pratiquement indispensables prennent jamais le caractère même apparent d'une collaboration organique.

Cette action doit être menée en vue d'obtenir le prélèvement sur le capital, la stabilisation monétaire, la paix au Maroc, la remise du mandat syrien à la S. D. N., la réduction de la durée du service militaire, la réalisation des assurances sociales.

Mais le Congrès, examinant la situation politique et parlementaire telle qu'elle résulte des derniers événements, en présence d'un gouvernement de concentration qui n'est, en réalité, qu'un gouvernement de conservation sociale, non seulement estime naturellement impossible toute tactique de soutien, mais encore donne mandat au Groupe socialiste au Parlement de pratiquer une politique d'opposition claire, vigoureuse, énergique.

Cette tactique d'opposition, qui ne peut être ni systématique, ni démagogique, s'exprimera en présentant et en opposant aux solutions gouvernementales les solutions socialistes inspirées de la doctrine et du programme du Parti, en s'efforçant de les faire prévaloir, fût-ce partiellement, en utilisant à cet effet tous les moyens de la procédure parlementaire.

En outre, le groupe socialiste devra refuser ses suffrages aux mesures de conservation sociale du gouvernement, et si, dans certaines circonstances, le Congrès admet que, pour éviter un accroissement de difficultés dans la lutte de la classe ouvrière, le refus des suffrages socialistes s'exprime sous la forme d'une abstention motivée, il met en garde le groupe socialiste contre les dangers et les confusions qu'entraînerait une pratique fréquente de cette tactique.

La politique d'opposition ainsi définie doit être conduite non seulement au Parlement mais dans le pays tout entier, et le Congrès réclame du Groupe socialiste un plus grand effort de propagande, afin d'expliquer aux travailleurs l'exacte position prise par le Parti pour augmenter son pouvoir d'organisation, de recrutement, d'influence, pour préparer enfin l'accroissement de la puissance électorale et parlementaire du socialisme.

*
* *

Le Congrès estime que jamais une volonté de cohésion et de discipline n'a été plus nécessaire. Il constate cependant un relâchement certain dans l'observation de la discipline du Parti.

Pour traverser la période actuelle si pleine de difficultés, il a pourtant besoin que tous ses membres, individuellement et collectivement, observent avec fidélité les décisions prises en commun après libre délibération par ses assemblées régulières.

Il ne saurait accepter que des militants apportent leur concours actif à la contribution volontaire alors que la C. A. P. et le Groupe Socialiste au Parlement se sont respectivement prononcés sur cette initiative, en considération de la politique financière préconisée par le Parti.

Plus que jamais attaché à l'unité totale de la classe ouvrière, et à cause de cet attachement même, le Congrès dénonce une fois de plus la manœuvre bolcheviste du « front unique » faite en réalité pour accentuer la division des forces ouvrières.

En présence des attractions contraires qui tentent de s'exercer sur le Parti pour le disloquer, le Congrès rappelle aux adhérents comme aux groupes, sections, fédérations que l'adhésion individuelle comme l'affiliation collective à des comités, groupements, ligues, créés pour une action politique suivie, constitue une violation des décisions formulées à Lille, et que la C. A. P., conformément à son devoir, a plusieurs fois remémorées, qu'elle risque de gêner le Parti dans son œuvre de propagande et de recrutement aussi bien que dans son action propre, pour laquelle il a essentiellement besoin de rester lui-même sans jamais se confondre avec d'autres partis, quels qu'ils soient.

Le Congrès rappelle que l'action publique du Parti est du ressort exclusif de ses sections et ne doit jamais être menée par des groupements formés dans son sein pour ce but.

Le Congrès rappelle également que les règles générales de l'action du Parti aussi bien que les dérogations admises à Marseille en vue des élections législatives de 1924 excluent toutes coalitions électorales qui ne seraient pas reconnues nécessaires par la C.A.P. et l'interdisent par conséquent dans le cas où les conditions mêmes du scrutin annulent le jeu des primes à la majorité.

Le Congrès regrette que ces règles n'aient pas été observées toujours et partout notamment dans l'élection récente de la Marne. Il compte sur les fédérations du Parti pour qu'elles soient désormais observées strictement. Il approuve dans cette occasion la décision prise par la C.A.P.

Le Congrès regrette les divisions qui se marquent de plus en plus fréquemment au sein du Groupe socialiste au Parlement.

Il déclare que la règle d'unité de vote comporte nécessairement pour les élus l'obligation de suivre la décision régulièrement délibérée dans le Groupe et votée à la majorité. Il fait confiance aux fédérations et aux sections pour avertir leurs élus qu'ils ne doivent pas manquer de conformer leur attitude au sein du Groupe aux résolutions expressément prises par les Congrès du Parti.

Afin d'assurer pratiquement l'unité de vote de ses élus, le Congrès charge le Groupe socialiste au Parlement d'élaborer, en accord avec la C.A.P. reconstituée d'après les nouveaux statuts, un règlement intérieur assurant à tous les votes politiques le caractère d'actes collectifs du Parti.

Le Congrès rappelle à la C.A.P. qu'elle a le devoir d'user de tous les pouvoirs que lui confèrent les statuts, sans reculer à l'avenir devant les sanctions nécessaires pour faire cesser ou empêcher de se renouveler les situations rappelées précédemment qui, en opposant fédération à fédération, élu à élu, militant à militant, rendraient inintelligibles aux masses ouvrières la politique du Parti.

En formulant ainsi sa volonté pour une discipline plus étroite, le Congrès exprime le vœu que la conscience socialiste de tous les membres du Parti suffise pour lui assurer cette homogénéité dans l'action, cette cohésion matérielle et morale qui lui sont indispensables pour remplir la mission qui lui incombe.

Autres questions.

Un certain nombre de motions et de décisions sont votées ou prises à l'unanimité. Ce sont :

Sur les *municipalités socialistes :*

Le Congrès rappelle aux municipalités socialistes et aux minorités socialistes des assemblées municipales qu'elles doivent obligatoirement adhérer à la Fédération Nationale des Municipalités socialistes en versant leurs cotisations statutaires.

Le Congrès invite ses élus au Parlement à soutenir de toute leur activité de législateurs les efforts de la Fédération Nationale des Municipalités socialistes.

Sur l'organisation des Jeunesses soc...istes :

Le Congrès, en s'associant aux décisions prises par la Confédération Nationale des Jeunesses socialistes, déclare que les Fédérations du Parti doivent, dès à présent, ne négliger aucun effort pour mettre en application les décisions prises antérieurement par la C.A.P., le Comité Nationale Mixte et la Conférence Nationale des Jeunesses Socialistes.

De plus, il demande que la C.A.P., en étroite liaison avec le C.N.M. intervienne avec insistance auprès de celles des Fédérations qui n'apparaîtraient pas avoir tenté tous les efforts qui leur sont demandés d'accomplir aussi bien dans l'intérêt présent et futur de la Jeunesse ouvrière que du Parti lui-même.

A cet effet, le Congrès décide que les délégués permanents du Parti devront, au cours de leurs tournées de propagande, s'enquérir auprès des secrétaires fédéraux de ce qui a été tenté et fait pour créer la Commission fédérale pour l'éducation socialiste de la Jeunesse et l'organisation des loisirs ouvriers.

Confiant dans la volonté de tous les membres du Parti pour organiser la Jeunesse ouvrière, le Congrès rappelle la décision prise au Congrès de Grenoble (1925), par laquelle les municipalités socialistes comme les fédérations et sections doivent seconder la Fédération Sportive du Travail (Internationale de Lucerne) dans la création de clubs sportifs qui sont actuellement l'embryon de l'organisme des loisirs ouvriers que le Parti doit développer dans l'intérêt de la Jeunesse ouvrière.

Sur le quotidien du Parti :

1° Le Congrès donne mandat au Bureau du Parti de demander à tous les secrétaires de sections de recueillir et transmettre à la C.A.P. les noms de tous les membres de leurs sections qui sont prêts à s'abonner au futur quotidien du Parti, pour un an, six mois, trois mois ou un mois ;

2° Le Congrès donne mandat à la C.A.P. de constituer une Commission spécialement chargée de recueillir et d'étudier toutes les suggestions ou propositions concernant le futur quotidien du Parti et de préparer activement sa publication.

Sur la politique coloniale :

Le Congrès décide que le Parti continuera l'étude du problème colonial.

Les motions défendues au Congrès sur cette matière sont prises en considération et renvoyées soit, à la Commission coloniale pour étude, soit au Groupe parlementaire pour exécution.

Sur l'obligation d'adhésion des membres du parti aux syndicats et aux coopératives :

Le Congrès invite les sections du Parti à faire respecter par leurs membres, dans son esprit comme dans sa lettre, l'article 6 des statuts, qui fait un devoir aux membres du Parti d'appartenir au syndicat ouvrier de leur profession et à la coopérative de leur localité.

Les Organismes Centraux.

Au moment de dresser les listes de noms à proposer au vote du Congrès pour la composition des organismes centraux politiques du Parti, les membres de la Commission des Résolutions faisant partie de la fraction représentée par Renaudel, Evrard, Gaston Lévy, Déat, Marquet, Grumbach, Paulin, Dormoy et Goude, font connaître qu'ils renoncent à désigner des candidats pour occuper les places auxquelles la représentation proportionnelle leur donnerait droit.

Les deux autres fractions déclarent de leur côté qu'elles présentent au congrès des listes incomplètes et demandent que les sièges auxquels auraient droit les abstentionnistes resteront vacants jusqu'au jour où il leur plaira de les occuper.

Cette proposition obtient l'assentiment du congrès, qui ratifie ensuite les listes suivantes :

Administration et Rédaction du Populaire :

Directeur politique : PAUL FAURE ;
Rédacteur en chef : J.-B. SÉVERAC ;
Administrateur : COMPÈRE-MOREL ;
Membres : BRACKE, GRANDVALLET (deux sièges vacants).

Commission administrative permanente :

1° Membres résidant dans la région parisienne ou parlementaires : LÉON BLUM, BRACKE, CAILLE, COMPÈRE-MOREL, COURMONT, DELÉPINE, FÉVRIER, FOGEL, GAILLARD, GRANDVALLET, GRAZIANI, HUBERT-ROUGER, LEBAS, LE TROQUER, LOUIS LÉVY, LONGUET, MAHLER, MASSON, MAURIN, OSMIN, PAUL-FAURE, PRESSEMANE, SÉVERAC, UHRY, ZYROMSKI (huit sièges vacants). — Suppléants : F. MORIN, citoyenne SAUMONEAU.

2° Membres des fédérations autres que Seine et Seine-Oise et non parlementaires : BONNET (Rhône), BROUSSILLON (Haute-Vienne), HAVENNE (Pas-de-Calais), HUSSEL (Isère), ISNAL (Puy-de-Dôme), LACROIX (Jura), LAGELÉE (Haute-Saône), MAILLY (Somme), SALENGRO (Nord), SABONNET (Saône-et-Loire) ; X. (Bouches-du-Rhône). (Quatre sièges vacants.)

Commission de contrôle :

BEAUVILLAIN, CHAULY, Cne GIBAULT-BUISSON, PH. LOYAU, NANTILLÉ, NERSON, WELHOFF.

Délégation à l'Internationale :

BRACKE, LONGUET, RENAUDEL, assistés de Léon BLUM et de PAUL-FAURE.

Commision nationale des conflits :

Le congrès laisse à la C.A.P. le soin de désigner les neuf membres de cette Commission.

<hr>

CONSEIL NATIONAL

(Paris, 31 Octobre - 1er Novembre 1926)

Ordre du Jour.

Le Conseil National, tenu à Paris, le 31 octobre et le 1er novembre 1926, avait à son ordre du jour les questions suivantes :

1° *Ratification du Bureau du Parti ;*

2° *Le quotidien du parti ;*

3° *Les élections sénatoriales de janvier 1927 ;*

4° *Situation financière du Parti. Rapport du Trésorier général ;*

5° *Le parti socialiste et la Société des Nations. Décisions de l'exécutif de l'Internationale ouvrière socialiste. Rapport de la C.A.P. ;*

6° *Choix de la ville où se tiendra le prochain Congrès national.*

Ratification du Bureau du Parti.

Au lendemain du Congrès de Clermont-Ferrand, la C.A.P. avait maintenu dans leurs fonctions :

Paul Faure, secrétaire général ;
J.-B. Séverac, secrétaire-adjoint ;
Grandvallet, trésorier.

Elle avait, en outre, constitué une sous-commission de la façon suivante :

Finances : Caille, Compère-Morel, Courmont, Gaillard, Grandvallet ; Secrétaire : Gaillard.

Propagande : Compère-Morel, Graziani, Hubert-Rouger, Lebas, Le Troquer, Mahler, Maurin, Osmin, Zyromski. — Secrétaire : Compère-Morel.

Conflits : Février, Le Troquer, Mahler, Masson, Zyromski. — Secrétaire : Zyromski.

Archives : Fogel, Graziani, Pressemane, Séverac. — Secrétaire : Séverac.

Le Bureau du Parti se trouvait donc composé du secrétaire général, du trésorier et des secrétaires des quatre sous-commissions, savoir : Paul-Faure, Grandvallet, Gaillard, Compère-Morel, Zyromski et Séverac.

Le Conseil National en a prononcé la ratification.

Le quotidien du Parti.

A l'unanimité moins une voix, le Conseil National a voté la résolution suivante :

Le Conseil National, heureux d'enregistrer les résultats de la campagne menée en faveur du recrutement des abonnés du futur quotidien du Parti, décide que cet organisme paraîtra au début de 1927, sous la direction de Léon Blum.

Il donne mandat au Conseil d'Administration et de Direction du Populaire et à la Commission Administrative Permanente plénière de présider à son lancement conformément aux directives du rapport de Compère-Morel, administrateur-délégué, qu'il approuve et fait sien.

Les Elections sénatoriales.

Le Conseil National s'est trouvé en présence de deux textes, qui se distinguaient surtout en ce que l'un faisait obligation aux fédérations de présenter, pour le premier tour de scrutin, des listes socialistes complètes, tandis que l'autre acceptait l'éventualité de listes incomplètes, de candidatures isolées ou de listes de coalitions.

Au vote, la première résolution a obtenu 2.046 mandats ; la seconde, 980 ; il y a eu 39 abstentions et 89 absents.

Voici le texte de la résolution votée :

Le Parti socialiste n'attend pas des élections sénatoriales un moyen d'accentuer efficacement sa propagande et de renforcer son recrutement.

Le mode antidémocratique de désignation des sénateurs par le suffrage restreint d'un très petit nombre d'électeurs ayant, pour la plupart, des conceptions politiques classées ne permet pas, en effet, d'escompter à cet égard un résultat sérieux.

Le Parti va à la bataille avec la double préoccupation initiale de marquer l'influence qu'il a conquise, en 1925, dans les assemblées municipales, et de renforcer la minorité socialiste susceptible de porter les revendications ouvrières dans la forteresse politiquement et économiquement conservatrice que constitue la Haute Assemblée.

Dans les circonstances actuelles, plus qu'en toutes autres, devant la capitulation des partis bourgeois en face de la puissance ploutocratique qui tend à asservir la Nation, il importe d'affirmer l'indépendance du Parti socialiste, resté seul fidèle à la volonté démocratique manifestée à trois reprises par le pays depuis 1924.

Les Fédérations devront en conséquence présenter aux électeurs sénatoriaux, au premier tour de scrutin, des listes complètes exclusivement composées de membres du Parti.

Elles engageront en même temps la lutte avec la volonté d'appuyer tout effort qui pourrait être tenté par certaines fractions de la Démocratie pour le maintien et le développement des libertés politiques et économiques du prolétariat et pour la consolidation de la paix internationale.

Elles devront exercer un effort décisif pour réduire la majorité réactionnaire du Sénat, sur qui pèse la responsabilité initiale de l'échec de la politique démocratique dégagée, en 1924, par la volonté du suffrage universel.

C'est pour diminuer la force de résistance du conservatisme au Sénat que le Parti ne donnera son appui, aux

*2ᵉ et 3ᵉ tours de scrutin, qu'aux candidats qui s'engageront
à limiter les prérogatives abusives de la Haute Assemblée.*

*Partout où, pour atteindre cet objectif, des coalitions et
désistements seront nécessaires au 2ᵉ ou au 3ᵉ tour de
scrutin, elles seront pratiquées par les Fédérations conformément aux décisions antérieures des Congrès et déterminées exclusivement par la préoccupation de renforcer
au Sénat la minorité socialiste et d'y réduire les forces de
réaction.*

*Conformément aux décisions du Congrès de Marseille,
les candidats du Parti ne peuvent, au 2ᵉ ou au 3ᵉ tour,
figurer sur une liste commune qu'avec des hommes qui,
présentés sous la responsabilité de partis politiques, sont
exempts de toute compromission avec le Bloc National et
qui, par leur conduite passée, comme par leur attitude
présente, se montrent résolus à s'opposer dans le domaine
international à toute politique de méfiance, de contrainte
et de violence, à préserver les libertés civiques du droit
syndical, les libertés ouvrières, à défendre enfin, contre
les entreprises du capitalisme, du cléricalisme et de l'im-
périalisme, les intérêts du prolétariat.*

*La C.A.P. est invitée à élaborer un manifeste-programme
commun à tous les candidats du Parti, qui indiquera notamment sa volonté de voir réaliser les revendications ouvrières défendues par les organisations syndicales et arrê-
tées depuis longtemps par le conservatisme social.*

La situation financière du Parti.

Le Conseil National a adopté une proposition de Gaillard renvoyant au prochain congrès l'examen des mesures
à prendre pour parer au déficit du budget du Parti.

En attendant, il a voté une proposition de Compère-
Morel consistant à demander à chaque membre du Parti
une contribution obligatoire de 1 fr. 50, destinée à faire
face au déficit du quotidien.

Le Parti socialiste et la Société des Nations.

Le Congrès National, après discussion, s'est trouvée en
présence de deux résolutions. L'une, présentée par Maurin, concluait au retrait de l'autorisation donnée à Paul-
Boncour de représenter le Gouvernement français à la
Société des Nations. L'autre, présentée par Vincent Auriol,
et revisée par son auteur et par Bracke. C'est cette dernière — dont on trouvera le texte plus loin — qui est
votée par 2.945 mandats contre 110 à la motion Maurin,
et avec 95 absents.

Le prochain Congrès National.

Le Conseil National a chargé la C.A.P. de fixer le lieu du prochain Congrès, après consultation de toutes les fédérations sur leurs préférences.

Commission Administrative permanente.

A la fin de la dernière séance, les représentants de là fraction qui avait décidé, au Congrès de Clermont-Ferrand, de ne pas avoir de délégation à la C.A.P., ont fait connaître que les votes du Conseil National les déterminaient à revenir sur leur décision et qu'ils reprendraient leurs places à la C.A.P. en affirmant leur intention de réclamer le bénéfice de la R.P. à tous les degrés de l'organisation du Parti.

Sont désignés par eux :

Titulaires : Barrion, Evrard, Goude, Grumbach, Guillevic, Gaston Lévy, Ernest Poisson, Ramadier, Renaudel.

Suppléants : Blumel, Drouot, Frot, Emile Kahn.

Membres de province : Louis Fieu, Gibaud, Naegelen, Salette.

Se sont inscrits à la sous-commission des archives de la C.A.P. : Ramadier et Renaudel ; à celle des conflits : Goude et Poisson ; à celle des finances : Barrion, Evrard, G. Lévy ; à celle de propagande : Barrion, Guillevic et Poisson.

LE PARTI ET LA SOCIÉTÉ DES NATIONS

Le problème de la délégation de socialistes à la Société des Nations comme représentants de gouvernements non socialistes ayant été posé par le Comité exécutif de l'International, la C.A.P., dans sa séance plénière du 18 juillet, a voté, par 21 voix contre 8 et 4 abstentions, la motion suivante, présentée par Blum :

La C.A.P. prend acte des informations qui lui ont été fournies par le citoyen Paul-Boncour et l'en remercie.

Elle compte sur lui pour tenir le Parti au courant des difficultés que pourrait soulever l'exercice de son mandat ;

Elle se réserve d'examiner à tous moments si les conditions politiques particulières à la France et la position prise par le Parti vis-à-vis du Gouvernement lui permettront de persévérer dans la résolution prise en juillet 1924 et autorisant un membre du Parti à accepter une délégation à la Société des Nations.

Elle considère que les problèmes généraux concernant la présence de membres de différents partis socialistes dans les délégations gouvernementales à Genève ne peuvent être résolus que par l'Internationale elle-même ;

Elle demande, en conséquence, que cet ordre de question soit inscrit à l'ordre du jour d'une réunion de l'Exécutif, tenue antérieurement à la prochaine session de la Société des Nations ;

Elle charge le secrétariat du Parti d'aviser le secrétaire de l'Internationale que ses délégués à l'Exécutif auront mandat de faire tous les efforts nécessaires pour que les conditions générales dans lesquelles les membres du Parti peuvent accepter des délégations gouvernementales à la Société des Nations soient déterminées ;

Pour que leur action respective soit coordonnée ;

Pour qu'elles soient mises en accord avec les résolutions de l'Internationale.

Les 8 voix qui avaient voté contre cette motion s'étaient portées sur une motion présentée par Zyromski et concluant qu'il n'y a pas lieu de maintenir l'autorisation donnée en août 1914 au camarade Paul-Boncour d'accepter, à la Société des Nations, une délégation permanente du Gouvernement.

La C.A.P. a ensuite voté, par 20 voix contre 7 et trois abstentions, l'adjonction suivante déposée par Bracke :

Après avoir pesé les inconvénients et les avantages que présente la présence à la S.D.N. d'un délégué mandaté par un gouvernement bourgeois, la réunion plénière de la C.A.P. déclare que les délégués du Parti à l'Exécutif auront mandat de se prononcer contre.

Les 7 voix ayant voté contre cette motion s'étaient portées sur une motion déposée par Gaillard et donnant mandats à nos délégués à l'Exécutif de se prononcer contre la délégation d'un socialiste désigné par un gouvernement combattu par le Parti socialiste.

Dans la séance qu'il a tenue à Zurich le 28 août, l'Exécutif de l'I.O.S. a décidé :

L'Exécutif laissant au prochain Congrès de l'I.O.S. le soin de définir de façon plus complète les principes de son action à l'égard de la S.D.N. et la manière dont elle conçoit la démocratisation de celle-ci, rappelle ses résolutions antérieures relatives à la S.D.N. et déclare :

L'Exécutif reconnaît les services que des Socialistes représentant les divers pays peuvent rendre à Genève en travaillant ensemble au rapprochement entre les Nations et en pratiquant une politique de solidarité et de paix conforme aux principes de l'Internationale.

Afin de rendre leur action aussi fructueuse que possible pour la cause de la paix du monde et du Socialisme International, il importe :

1° Qu'il appartienne aux partis nationaux de décider dans quelles conditions ils autorisent un de leurs membres à accepter ou à conserver un mandat à l'Assemblée ou au Conseil de la S.D.N. et d'examiner en tout temps si les circonstances et les directives données par le gouvernement permettent l'exécution du mandat dans des conditions compatibles avec les principes du Socialisme International, les intérêts généraux du mouvement ouvrier et les résolutions de l'I.O.S.

2° Qu'un contact étroit et régulier soit maintenu entre le membre ainsi délégué et le parti auquel il appartient ;

3° Que l'I.O.S. examine régulièrement les problèmes qui se posent devant la S.D.N. et détermine son attitude à leur égard de manière à fournir aux partis nationaux et aux délégués eux-mêmes les éléments d'appréciation nécessaires pour leur permettre de remplir les obligations énumérées sous les paragaphes 1 et 2.

L'Exécutif décide d'instituer une commission chargée d'étudier les problèmes de la démocratisation de la S.D.N. et de faire rapport au prochain Congrès.

A la suite de cette décision, la question — comme on l'a vu plus haut — a été portée devant le Conseil National du 31 octobre. En manière de préparation, le *Populaire* a publié, dans son numéro du 26 octobre, un extrait du compte-rendu de la séance de la C.A.P. du 13 octobre, dans laquelle un échange de vue avait eu lieu entre Paul-Boncour et les membres de la C.A.P.

Paul-Boncour avait fait un exposé des travaux de la session de septembre de la S.D.N. Il avait montré l'excellente besogne qu'il avait pu mener à bonne fin au sujet du désarmement, ainsi que les heureuses conséquences qu'on est en droit d'attendre de l'entrée de l'Allemagne à la S.D.N.

Zyromski avait exprimé la crainte que la délégation de la France à la S.D.N. ne soit amenée à défendre des thèses contraires à celles de l'Internationale, notamment en matière coloniale, sur la question des mandats et sur l'éventualité d'une révision des traités de paix.

Voici maintenant le texte de la résolution votée par le Conseil National du 31 octobre :

Le Conseil National examinant la situation actuelle du Parti Socialiste par rapport à la Société des Nations.

Rappelle d'abord que l'autorisation donnée par le Groupe parlementaire au camarade Paul-Boncour d'accepter la délégation à la Société des Nations a été admise par le Parti.

Enregistre que la volonté de paix a été marquée en France si fortement par la victoire républicaine et socialiste du 11 mai 1924 et que le renversement de la politique de la méfiance, de contrainte et de violence précédemment poursuivie a été si profond que le retour au pouvoir de ceux qui avaient pratiqué cette politique avant 1924 n'a cependant pas suffi à modifier les directives dont l'aboutissant a été la conférence de Locarno, l'entrée de l'Allemagne dans la S.D.N. et l'entrevue de Thoiry.

Mais, ne pouvant perdre de vue les difficultés qui, dans l'état actuel des choses, peuvent surgir pour un Socialiste délégué à la S.D.N. sur des questions de politique extérieure, le Conseil National rappelle les résolutions de l'I.O.S. prises à Zurich le 28 août, qui règlent la question jusqu'à la réunion du prochain Congrès International en vue duquel le Parti devra soumettre à une étude approfondie et résoudre, dans son Congrès National préparatoire, le problème général des rapports du Socialisme Internationale de la Société des Nations.

Cette résolution est ainsi conçue :

(Ici se place le texte de la motion de Zurich citée plus haut.)

Le Conseil National sait qu'il peut compter sur Paul-Boncour pour n'accepter de porter à Genève aucune instruction qui serait en contradiction avec l'intérêt de la paix pour laquelle l'Internationale Socialiste a déclaré vouloir agir d'une façon positive en utilisant la S.D.N. et en réclamant que ses institutions soient de mieux en mieux démocratisées.

À cet égard, le Parti travaillera dans la mesure du possible à faire de la représentation des partis parlementaires à Genève un droit indépendant de l'initiative gouvernementale.

Le Conseil National se félicite que Paul-Boncour, de Brouckère et les autres délégués socialistes qui siègent à la S.D.N. aient pu préparer efficacement, malgré les obstacles, le travail qui doit, par la limitation des armements, aboutir au désarmement général des peuples.

Le Conseil National fait donc confiance au camarade Paul-Boncour pour tenir le Parti au courant de ses efforts personnels et des travaux de la S.D.N. et pour l'aviser, le cas échéant, des difficultés qui pourraient naître à l'occasion du mandat reçu du gouvernement.

Au cas où les directives de la politique française subiraient de telles modifications que Paul-Boncour serait mis dans l'impossibilité d'assurer sa délégation, le Parti Socialiste, en accord avec lui, examinera le problème nouveau qui se trouverait posé.

Jusque-là, le Parti socialiste confirme et maintient l'autorisation donnée à Paul-Boncour.

A la suite de ces résolutions, la C.A.P. a recherché les moyens pratiques d'assurer un « contact étroit et régulier » entre le citoyen Paul-Boncour et le Parti. Il a été décidé :

1° Que Paul-Boncour sera entendu par la C.A.P. après chaque session de la S.D.N. ;

2° Qu'en cas de difficultés dans l'exercice du mandat à lui confié, et s'il en a la possibilité matérielle, il en conférera avec le C.A.P. ;

3° Que le Groupe socialiste au Parlement sera invité à ces compte-rendus et à ces entretiens ;

4° Qu'ainsi se trouveront établis les rapports réguliers prévus par le Conseil National.

ELECTIONS LÉGISLATIVES
COMPLÉMENTAIRES
ET ELECTIONS SÉNATORIALES

Des élections législatives complémentaires ont eu lieu :

Dans les Hautes-Alpes (3 octobre 1926), où Inghels, candidat du Parti, a obtenu 3.684 suffrages ;

Dans les Vosges (28 novembre), où le Parti n'a pas fait acte de candidature ;

Dans la Nièvre (5 décembre), où le candidat du Parti a recueilli 8.969 voix ;

Dans le Nord (5 décembre), où la liste socialiste a eu les voix de 141.412 électeurs ;

Dans la Sarthe (27 février 1927), où les candidats socialistes ont obtenu 10.356 voix.

Les élections du 9 janvier pour le renouvellement d'un tiers du Sénat ont donné des résultats plus satisfaisants.

Ont été élus : Auray, Dherbécourt et Voilin, dans la Seine ; Darteyre, dans le Puy-de-Dôme ; Fèvre et Leclerc, dans la Haute-Vienne ; Giraud et Voillot, dans le Rhône.

Ont été réélus : Betoulle, dans la Haute-Vienne ; Fourment, dans le Var.

A la suite de cette élection, le groupe socialiste du Sénat est passé de 6 à 14 membres et a pu se constituer légalement.

CONSEIL NATIONAL

(Paris, 27 Février 1927)

En fixant la date et l'ordre du jour du Congrès National de Lyon, la C.A.P. avait prévu qu'un Conseil National pourrait être convoqué d'urgence, dans le cas où le problème de la réforme électorale viendrait devant la Chambre avant la réunion du Congrès.

C'est ce qui s'est produit.

En conséquence, la C.A.P., dans sa séance du 9 février, a décidé, conformément à la demande du Groupe socialiste au Parlement, de convoquer, pour le 27 février, un Conseil National dont l'ordre du jour ne porterait qu'une question : celle de la réforme électorale.

Le Conseil National, qui s'est tenu à Paris, dans la salle de l'Union des Syndicats confédérés de la région parisienne, s'est d'abord prononcé à l'unanimité (à mains levées) pour l'abrogation immédiate de la loi électorale actuelle.

Ensuite, il s'est trouvé en présence de deux propositions: la première, présentée par la Fédération du Var, déclarait: « Le Groupe Parlementaire est mandaté pour voter la R. P. avant de se rallier à un autre système. » La seconde, présentée par la Fédération de la Seine, disait :

Considérant qu'il n'existe plus dans l'état présent de l'opinion parlementaire, qu'un moyen d'obtenir un jour le R. P. juste et loyale sans pourcentage aucun ;

Que ce moyen est de revenir à pied d'œuvre, c'est-à-dire au scrutin majoritaire à deux tours ;

Le Conseil National décide :

Le Parti relève les députés de l'obligation de ne voter que pour le R. P.

On procède au vote par appel nominal. Le texte de la Seine est adopté par 1.919 mandats, contre 1.419 à la motion du Var, avec une abstention et 151 absents.

Enfin, le Conseil se prononce sur le mode de scrutin que le Groupe Socialiste devra essayer de substituer au scrutin actuel. Son choix se porte sur le scrutin uninominal, qui est voté par 2.216 mandats, contre 1.100 pour le scrutin de liste, avec 21 abstentions et 153 absents.

PROPAGANDE

Propagande orale.

Du 1ᵉʳ mars 1926 au 1ᵉʳ février 1927.
Nos délégués permanents ont rempli de nombreuses délégations :

1° *Citoyenne Saumoneau :*

Seine-et-Oise (14 conférences) ; Alpes-Maritimes (11) ; Saône-et-Loire (10) ; Lot-et-Garonne (13) ; Manche (8) ; Haute-Saône (10) ; Haute-Marne (10) ; Aude (14) ; Eure-et-Loir (3).

2° *Lucien Roland :*

Vaucluse (8) ; Gard (16) ; Var (14) ; Eure (12) ; Ardèche (14) ; Lozère (17) ; Saône-et-Loire (15) ; Drôme (18) ; Charente (16).

3° *René Cabannes :*

Calvados (9) ; Pyrénées-Orientales (4) ; Doubs (12) ; Dordogne (11) ; Loire-Inférieure (2) ; Charente-Inférieure (1) ; Calvados (3) ; Saône-et-Loire (10) ; Tarn-et-Garonne (8) ; Landes (9) ; Orne (7) ; Belfort (14) ; Loire (11) ; Lot-et-Garonne (6) ; Nord (2) ; Savoie (1) ; Seine-et-Oise (1) ; Basses-Alpes (8) ; Bouches-du-Rhône (7) ; Hérault (10) ; Gard (3).

4° *A. Inghels :*

Aube (10) ; Loiret (1) ; Eure-et-Loir (1) ; Meuse (1) ; Aude (11) ; Nord (59) ; Puy-de-Dôme (2) ; Hautes-Pyrénées (7) ; Hautes-Alpes (187) ; Basses-Pyrénées (12) ; Cher (6) ; Loir-et-Cher (7) ; Savoie (5) ; Seine (20).

Propagande écrite.

Depuis le Congrès de Clermont-Ferrand, le Parti a édité ou réédité :

1° Quatre brochures :

COMPÈRE-MOREL. — *La Petite Propriété paysanne et le Socialisme* (3.000 ex.) ;

DISPAN DE FLORAN. — *Pour devenir socialiste* (3.000) ;

JEAN JAURÈS. — *Discours à la Jeunesse* (4.000) ;

PLEKHANOFF. — *La Conception matérialiste de l'Histoire* (3.000).

2° Deux tracts :

Adhésion au Parti et abonnement au « Populaire » (100.000 ex.) ;

Pour les élections sénatoriales (20.000).

3° Deux affiches :

Adhésion et abonnement au « Populaire » (3.000 + 3.000) ;

4° Cinq fascicules de « Documentation et Propagande », dont la rédaction a été confiée à René Cabannes :

I. — *Le Front unique* (juillet 26) ;

II. — *Le Problème du Blé* (août) ;

III. — *Le Chômage* (novembre) ;

IV. — *Les Assurances sociales* (décembre) ;

V. — *L'Action de nos élus* (février 1927).

Chacun de ces fascicules contient un plan détaillé de conférence et un certain nombre de documents annexes pouvant servir soit à corser la conférence, soit à répondre à des objections éventuelles.

Le service gratuit en est fait à tous nos députés et sénateurs, aux membres de la C.A.P., aux délégués permanents et aux propagandistes fédéraux. A ces derniers, selon le barème suivant :

Quatre exemplaires aux fédérations de moins de 500 membres ;

Sept aux fédérations de 500 à 1.000 membres ;
Douze aux fédérations de 1.000 à 2.000 membres ;
Quinze aux fédérations de 2.000 à 3.000 membres ;
Vingt aux fédérations de plus de 3.000 membres.

CONFLITS

Voici, à la date du 11 février, l'état des travaux de la Commission Nationale des Conflits, dressé par le citoyen Racine, son secrétaire :

Depuis sa constitution, la Commission Nationale des conflits s'est réunie 6 fois : En 1926, les 18 juillet, 22 octobre, 1er novembre, 16 novembre, 16 décembre ; en 1927, le 3 février.

Elle a été saisie des conflits suivants :

Appel : Maurice Cailleaux contre Fédération de Seine-et-Oise. (Rapporteur : Racine).

Affaire : Fédération du Pas-de-Calais contre Georges Richard. (Rapporteur : Farinet).

Affaire : Bernard et Fédération Charente-Inférieure. (Rapporteur Farinet).

Appel : 22 exclus de la Section du Havre contre décision de la Seine-Inférieure. (Rapporteur Zoretti).

Appel : Sabatier, maire, et Panier, adjoint, à Bagnolet, contre décision de la Seine. (Rapporteur : Racine).

Affaire : Demande de sanctions par la Fédération du Rhône contre Maurin pour un article de *l'Etincelle*. (Rapporteur : Colliette).

Appel : Lavielle contre décision de la Gironde. (Rapporteur : Zoretti).

Appel : Chauvine, de Saint-Etienne, contre décision de la Loire. (Pas encore de rapporteurs ; documents de l'appelant seuls reçus à ce jour).

La Commission s'est prononcée :

1° Dans l'appel Maurice Cailleaux contre la Fédération de Seine-et-Oise, en maintenant la peine de deux années de suspension de toute délégation qu'avait infligée cette Fédération à ce citoyen et en faisant courir la durée de cette peine de deux années à dater du 16 novembre 1926, jour du dépôt et du vote du rapport Racine sur cette affaire.

2° Dans l'affaire Pas-de-Calais contre Georges Richard, député, en réduisant à 700 francs la somme de 1.400 francs réclamée par cette Fédération à Georges Richard pour des dettes électorales de la campagne 1919; Georges Richard s'est engagé à verser ces 700 francs par acomptes mensuels et suivis de 100 francs.

Depuis, la Fédération du Pas-de-Calais a, par lettre, refusé cette réduction de moitié et, tout en acceptant les versements mensuels de 100 francs, exige le remboursement intégral de la somme de 1.400 francs.

3° Dans l'appel des exclus du Havre, en maintenant l'exclusion des 22 membres de la Section, tout en regrettant que la Section du Havre et la Fédération de la Seine-Inférieure n'aient pas observé l'esprit des statuts dans leurs rapports avec les camarades en appel contre leur exclusion.

4° Dans le conflit de Bagnolet, en révoquant la décision de la Commission arbitrale des Conflits de la Seine et en rétablissant la décision de la 1re Commission arbitrale qui maintenait Panier comme adjoint; le cas Sabatier, qui ne comportait aucune sanction, ayant été écarté comme non recevable de ce fait.

Pour mettre au point le travail de la Commission Nationale des Conflits nous ajouterons : Que la solution du conflit Bernard-Charente-Inférieure se trouve retardée par suite de certains mouvements dans cette Fédération qui nous obligent à attendre encore avant de statuer.

Que celle du conflit Fédération du Rhin contre Maurice Maurin s'est trouvée retardée par suite de la maladie du rapporteur, notre camarade Colliette.

Que le dossier du conflit Lavielle-Fédération de la Gironde est, pour le moment et pour 15 jours, déposé au siège du Parti, à la disposition des parties en conflit pour communications.

Que le dossier Chauvine-Loire est pour l'instant encore incomplet, les seuls documents du citoyen Chauvine nous étant parvenus.

Le Secrétaire de la Commission Nationale des Conflits :
RACINE.

Ajoutons qu'un certain nombre de camarades de la section du Havre, exclus par la Commission Nationale des Conflits, font appel de cette décision devant le congrès du Parti, qui aura à statuer.

CONCLUSION

Du 1ᵉʳ juin 1926 au 9 février 1927, la C.A.P. s'est réunie 24 fois (dont 3 fois en assemblée plénière), sur des ordres du jour qui n'ont pas comporté moins de 175 articles.

Du 1ᵉʳ juin 1926 au 9 février 1927, il est parti du Secrétariat et de la Trésorerie : 4.481 lettres (ou dépêches), numérotées de F/E1, à F/E, 3.378, et de S/P1, à S/P, 1.103 ; 32 circulaires numérotées de 32 à 63, et envoyées à 4.779 destinataires ; 27 convocations diverses à 558 destinataires ; 4 fascicules de propagande (environ 4.400 exemplaires), répartis entre 1.304 envois, et 888 expéditions de fournitures-cotisations.

Cela fait, pour un peu plus de huit mois, un total de 12.010 envois postaux de toutes sortes.

Il ne faut pas s'étonner de la multiplicité croissante des besognes et des obligations incombant aux organismes centraux de notre Parti. Elles témoignent de sa force.

Ainsi qu'on le verra par les chiffres contenus dans le rapport de la Trésorerie, le Parti a, au cours de l'année 1926, maintenu ses effectifs de 1925. Il comptait 111.276 membres en décembre 1925, et 111.368 en décembre 1916.

Si l'on considère que l'année 1926 n'avait pas d'élections générales et que ce sont les années d'élections qui sont les plus favorables au recrutement, on verra, dans le fait d'avoir assimilé les 73.000 adhésions nouvelles de 1924 et de 1925, une démonstration claire de la vitalité de notre Parti.

Ajoutons que si le nombre des cartes a peu changé, celui des cotisations mensuelles a subi un accroissement très appréciable. Il était de 925.118 en 1925 et est passé à 1.019.048 en 1926. Chaque adhérent de 1925 avait pris, en moyenne, 8,35 timbres mensuels ; chaque adhérent de 1926 en a pris 9,15. Ceci permet de dire que si la quantité n'a pas sensiblement augmenté, la qualité peut être tenue pour meilleure.

RAPPORT FINANCIER
présenté par le Citoyen GRANDVALLET
Trésorier Général du Parti

Le budget prévisionnel que vous avez adopté à Clermont-Ferrand a été quelque peu bousculé par la cherté de la vie. Il prévoyait un total de dépenses de 717.460 fr. et celles-ci se sont élevées en 1926 à 820.076 fr. 30, si nous ne tenons pas compte de la souscription; ce qui laisse apparaître un dépassement de 112.616 fr. 30.

Heureusement qu'au chapitre recettes, nous constatons que celui-ci accuse une plus value dont je donne le détail ci-après.

Il n'en reste pas moins que le compte financier de l'exercice 1926 se solde par un excédent de dépenses de 33.490 fr. 45, non compris 24.919 francs de dépenses effectuées et non soldées, que vous trouverez au passif du bilan. Ce qui nous fait un déficit total de : 58.409 fr. 45.

****

Aux recettes administratives, la plus value atteint 77.049 fr. 65, dont :

47.000 sur les timbres ;
8.939 sur les règlements (cette recette est improductive, les règlements étant vendus au prix de revient) ;
1.313,60 sur les intérêts de fonds placés ;
14.114,05 sur les recettes du journal.

Les recettes de propagande laissent également un excédent de 2.010 francs sur les cotisations des élus.

****

Les dépenses administratives accusent un excédent de 94.730 francs, dont 84.618, 40 sont imputables au service du bi-mensuel et 10.338,60 par les frais du siège doublement du loyer et entretien.

Sur chapitre Congrès, l'excédent de dépenses est de 19.430 francs, sur lesquels la cotisation internationale absorbe 18.824,30, dû au cours du change.

Le remboursement de voyage des délégués au Conseil National 4.728 fr. 55 et les délégations à la C.A.P. plénière 2.638 fr. 15, et celle-ci ne s'est réunie que 4 fois en 1926.

Ces dépassements furent couverts par :

Une disponibilité de 3.416 fr. 35 du chapitre délégation internationale ; une disponibilité de 3.444 fr. 45 du chapitre Congrès, du fait que le rapport des élus n'a pas été imprimé.

Le chapitre propagande, dépenses ordinaires, laisse une disponibilité de 15.662 francs. La librairie n'ayant pas eu besoin d'épuiser tout le crédit qui lui était affecté, 12.651 fr. 45 restent disponibles.

La disponibilité de 1.133 fr. 10 au chapitre Manifestes et Documents aurait été absorbée si la facture du dernier document m'était parvenue avant le 31 décembre.

Au chapitre dépenses extraordinaires, si on retranche la souscription, il se solde avec un excédent de dépenses de 6.136 fr. 55 aux subventions électorales à fédérations du fait des élections partielles. Les 24.919 francs cités plus haut devraient s'ajouter aux dépenses engagées à ce chapitre.

Le Populaire quotidien, nous a également imposé un dépassement de crédit de 1.541 fr. 80.

LA LIBRAIRIE

Ce service d'édition et de propagande écrite se développe normalement, et il ne tient qu'aux militants, aux sections et aux municipalités socialistes, en lui passant leurs commandes, de lui permettre de se suffire à lui-même, non seulement au point de vue frais généraux, mais aussi au point de vue édition. Mais, en attendant cet heureux moment, nous sommes encore obligés d'inscrire au budget de 1927 une somme de 20.000 francs.

Cette année, il a été édité : 4 brochures, soit 18.850 exemplaires ; 50.000 tracts, 10.000 affiches pour la propagande des jeunesses socialistes.

Depuis le 1er janvier, nous avons une brochure sous presse et nous avons fait tirer : 3.000 affiches 1/4 colombier passe-partout, 3.000 affiches, 1/2 colombier passe-partout et 100.000 tracts, appel à l'adhésion au Parti et à l'abonnement au *Populaire.*

RECETTES

A. — Ordinaires :

28.123 cartes permanentes. . Fr.	16.703 80	
111.386 feuilles cotisations	162.152 »	
89.398 règlements	8.939 80	
1.017.478 timbres.	399.041 20	
Trop-perçu, abonnements et cotisations dûes.	1.230 95	
Total . . . Fr.		588.067 75

B. — Extraordinaires :

Remboursement de prêts . . . . . Fr.	1.646 05	
Intérêts des fonds placés	11.313 65	
Fonds Mattéotti.	4.779 85	
Recettes diverses.	328 30	
Recettes du journal.	42.014 05	
Total. . . Fr.		60.081 90
Total général . . . Fr.		648.149 65

DE L'EXERCICE 1926

Administratif

DÉPENSES

A. — Administratives :

Personnel	Fr.	79.170	»
Frais du siège		70.338	60
— de bureau		5.967	85
— de correspondance		6.704	60
— d'envois		2.132	50
— divers d'administration. . . .		744	55
— d'archives		824	10
Achat matériel		4.228	40
Impression carte et timbres		26.761	20
Populaire bi-mensuel.		334.658	40
TOTAL . . . Fr.		531.530	20

B. — Congrès :

Délégations internationales. . .	Fr.	11 583	65
Cotisations internationales		53.824	30
Organisation Congrès nationaux . ,		10.921	40
Voyage délégués Congrès nationaux.		21.334	15
— — Conseils nationaux.		8.382	25
Organisation Conseils nationaux . .		3.846	30
Frais délégation C. A. P. plénière .		9.638	15
TOTAL . . Fr.		118.930	20

C. — Fonds Mattéotti 4.500 20

TOTAL GÉNÉRAL . . . Fr. 118.930 20

RECETTES

C. — Ordinaires :

Cotisations élus parlementaires Fr.   126.900   »

—   Conseillers municipaux .   1.470   »

TOTAL . . . Fr.———————   128.370   »

D. — Extraordinaires :

Souscription électorale . . . . . Fr.   2.459 15

—   *Populaire*, quotidien   .   146.561 20

—   —   élus . . . . .   12.355   »

TOTAL . . . Fr.——————   161.375   »

TOTAL . . . . Fr.   289.745 35

Recettes administratives . . . . Fr.   648.149 65

Recette totale . . . . Fr.   937.895   »

Excédent de dépenses . . . Fr.   33.490 45

Balance . . . . Fr.   971.385 45

de Propagande

DÉPENSES

D — Ordinaires :

Délégués permanents. . . . . . . Fr.	52.800	»
Frais de voyages (séjours)	48.430	55
Impression tracts et documents . . .	2.866	90
Subvention Fédération sportive . . .	750	»
— Comité national mixte .	1.642	»
Secrétariat Groupe parlementaire . .	19.200	»
Frais édition et librairie.	9.598	55
Total. . . Fr.	135 288	»

E. — Extraordinaires :

Souscription *Populaire* quotidien. Fr.	143.636	70
Organisation manifestations	521	80
Subventions à fédérations.	4.300	»
— électorales.	11.136	55
— *Populaire* quotidien . .	21.541	80
Total. . . Fr.	181.136	85
Total. . . . . Fr.	316.424	85
Dépenses administratives. . . . . Fr.	654.960	60
Dépenses totales . . . Fr.	971.385	45

BILAN AU 31 DÉCEMBRE 1926

ACTIF

Avoir disponible :

En Caisse	Fr.	1.454 65	
En Banque		199.505 49	
Total			200.960 14

Avoir sur créances :

Dû sur cotisations 1926	38 95	
Dû par Parlementaires	9.400 »	
Dû par Cons. Municipaux	1.120 »	
Total		10.558 95

Fédération Oise 1921	2.009 80	
— Côtes-du-Nord 1921	241 90	
— Seine 1925	1.500 »	
Uhry prêt 1919	1.600 »	
Total		5.351 70

Mobilier et divers :

Obligations *Humanité*	375 »	
Matériel	20.000 »	
Bibliothèque Archives	3.000 »	
Librairie	77.702 80	
Total		101.077 80

Total	317.948 59
Balance	106.302 06
Total général . . . Fr.	424.250 65

PASSIF

Compte liquidation 1920 . . . . . Fr.	108.225 15	
Dû à Fédération	387 50	
Dû à Exercice 1927	35.439 40	
Dû à divers	24.919 »	
Dû à souscription *Populaire*, élus	12.355 »	
— — —	2.924 50	
Dette belge *Populaire*	240.000 »	
Total. Fr.	424.250 55	

LIBRAIRIE POPULAIRE

BILAN

ACTIF			PASSIF		
Matériel	Fr.	5.214 10	Fournisseurs	Fr.	1.421 30
Clients		3.470 65	Crédits divers dépôts		1.656 55
Caisse		6.187 95	Avance de divers		847 50
Stock		67.755 45	Parti Socialiste		77.449 75
			Solde créditeur		253 05
Total	Fr.	82.628 15	Total	Fr.	82.628 15

COMPTE PROFITS ET PERTES

DÉBIT			CRÉDIT		
Personnel	Fr.	24.000 »	Sur vente de l'exercice	Fr.	32.001 05
Frais généraux, loyer		7.748 »			
Solde créditeur		253 05			
Total	Fr.	32.001 05	Total	Fr.	32.001 05

TABLEAUX COMPARATIFS

Le tableau dit du recrutement donne la physionomie des efforts de propagande respectifs des Fédérations.

Nous savons déjà par le tableau des prises annuelles que nos effectifs se sont péniblement maintenus en 1926 puisque nous ne constatons qu'une différence en plus de 92 adhérents sur 1925.

Nous savons, d'autre part, par le compte financier, qu'il a été placé 28.123 cartes permanentes ou d'adhésion, ce qui revient à dire que 28.031 adhérents nous ont quittés cette année.

Mais, par l'étude de ce tableau, qui ne donne qu'une figure générale, nous pouvons constater cependant que trois fédérations n'ont fait aucun adhérent en 1926. Voilà donc 3 départements où la propagande est restée sans résultats.

Nous voyons que telle fédération, pour gagner 1.450 adhérents en 3 ans, a dû faire 4.050 adhésions et que telle autre, pour en gagner 5.000, a dû en faire 9.000 dans le même laps de temps.

Je ne veux citer que ces quelques faits, voulant laisser aux militants fédéraux le soin de faire les comparaisons qui leur plairont, afin de rechercher les motifs des variations de leurs effectifs.

Le tableau dit de classement vous indique :

1° Que le nombre des fédérations comptant plus de 500 adhérents passe de 56 en 1925, à 58 en 1926 ;

2° Que deux fédérations nouvelles seront représentées par plus de 41 mandats ;

3° Enfin, les places conquises ou perdues par nos fédérations.

Le graphique du pourcentage des cotisations vous montre que, pendant la période comprise entre l'unité et la guerre, le pourcentage alla en augmentant graduellement.

La période de guerre et de scission ouvrière marque un fort désarroi. Mais depuis 1921, le pourcentage reprend sa marche ascentionnelle.

Tableau comparatif des Cartes et Timbres 1925 et 1926

FÉDÉRATIONS	FEUILLES Cotisations annuelles	TIMBRES	FEUILLES Cotisations annuelles	TIMBRES
	Au 31 Décembre 1925		Au 31 Décembre 1926	
Ain	710	5.975	570	5.352
Aisne	535	4.280	578	4.919
Algérie	500	5.100	500	3.900
Allier	1.650	10.000	1.500	12.000
Alpes-Maritimes	370	2.076	300	2.500
Ardennes	1.200	9.250	1.150	9.502
Ariège	400	4.050	400	3.700
Aube	440	3.500	425	4.293
Aude	2.420	15.925	2.335	20.930
Ardèche	655	6.700	740	7.875
Aveyron	562	4.675	534	5.460
Bouches-du-Rhône	4.610	54.920	3.775	45.388
Basses-Alpes	800	7.250	500	3.600
Basses-Pyrénées	461	3.500	460	3.700
Bas-Rhin (Strasbourg)	2.300	29.000	2.400	26.000
Calvados	421	3.920	259	1.449
Cantal	250	2.200	340	2.600
Charente	374	1.800	641	4.511
Charente-Inférieure	830	7.157	1.085	11.350
Cher	250	1.495	210	2.520
Constantine	286	2.120	480	4.450
Corrèze	540	4.375	540	4.600
Corse	287	2.441	296	2.644
Côte-d'Or	697	5.905	950	7.831
Côtes-du-Nord	440	2.200	475	3.550
Creuse	1.277	10.450	1.150	10.750
Dordogne	570	3.000	686	5.440
Doubs	406	2.130	400	2.310
Drôme	600	4.162	400	4.001
Deux-Sèvres	525	4.000	590	6.390
Eure	370	3.100	386	2.545
Eure-et-Loir	153	1.800	115	1.200
Finistère	1.698	15.100	2.510	25.287
Gard	1.685	17.700	1.700	18.308
Gers	425	3.301	560	6.450
Gironde	5.000	34.000	4.700	35.500
Guadeloupe	63	44	—	—
Haute-Garonne	2.750	21.000	2.500	19.600
Hérault	2.680	21.150	2.550	27.600
Hautes-Alpes	292	2.395	250	2.475
Haute-Loire	10	30	8	40
Haute-Marne	199	1.287	181	710
Hautes-Pyrénées	120	800	210	2.100
Haut-Rhin (Belfort)	265	1.196	817	4.784
Haut-Rhin (Mulhouse)	2.500	27.000	2.500	27.000
Haute-Saône	1.250	8.675	780	9.400
Haute-Savoie	715	7.730	900	5.900
Haute-Vienne	3.996	30.375	3.400	31.250
Isolés	10	120	60	218
Ille-et-Vilaine	1.160	8.500	835	6.590

Tableau comparatif des Cartes et Timbres 1925 et 1926

FÉDÉRATIONS	FEUILLES Cotisations annuelles	TIMBRES	FEUILLES Cotisations annuelles	TIMBRES
	Au 31 Décembre 1925		Au 31 Décembre 1926	
Indre	400	3.475	460	4.970
Indre-et-Loire	851	6.286	877	7.590
Isère	2.020	13.950	2.250	19.265
Jura	900	9.200	815	8.960
Landes	137	227	287	2.700
Loir-et-Cher	512	6.667	710	6.287
Loire	465	3.346	417	4.430
Loire-Inférieure	950	6.888	780	7.000
Loiret	300	2.450	382	3.700
Lot	871	5.179	1.024	11.297
Lot-et-Garonne	201	1.253	277	2.172
Lozère	290	3.480	403	4.756
Martinique	1.150	6.750	1.640	8.000
Maine-et-Loire	375	2.800	350	3.437
Manche	135	900	140	873
Marne	1.074	8.935	1.290	8.281
Maroc	344	4.248	570	6.840
Meurthe-et-Moselle	451	2.551	530	4.213
Meuse	200	1.740	276	2.410
Moselle (Metz)	120	647	115	1.822
Morbihan	550	4.600	650	4.862
Mayenne	2	24	24	96
Nièvre	500	3.600	428	4.300
Nord	12.200	108.750	13.000	120.500
Oise	1.070	7.500	1.000	6.800
Oran	—	—	250	2.000
Orne	233	1.805	275	2.050
Pas-de-Calais	6.045	48.000	5.700	44.050
Puy-de-Dôme	2.350	20.500	2.350	22.650
Pyrénées-Orientales	580	5.050	371	3.696
Rhône	2.650	22.625	2.850	24.000
Saône-et-Loire	3.970	35.000	3.700	36.500
Sarthe	553	3.950	420	4.245
Savoie	750	7.125	750	7.300
Seine	5.900	47.500	5.050	50.000
Seine-et-Marne	1.270	7.050	1.047	6.973
Seine-et-Oise	2.050	16.200	2.000	17.000
Seine-Inférieure	760	6.100	744	7.800
Sénégal	31	372	57	684
Somme	782	6.100	915	8.950
Tarn	1.450	11.600	1.475	17.375
Tarn-et-Garonne	350	2.600	500	4.500
Tunisie	150	1.675	200	2.000
Tonkin	—	—	43	516
Var	2.400	21.550	1.840	21.025
Vaucluse	650	4.950	700	6.500
Vendée	380	3.900	370	3.750
Vienne	250	1.900	270	2.730
Vosges	763	5.256	830	8.175
Yonne	224	1.566	335	2.800

TABLEAU DE CLASSEMENT EN 1925

Représentées par plus de 41 mandats	Ayant plus de 1.000 adhérents	Ayant de 500 à 999 adhérents
1. Nord.	1. Nord.	30. Loire-Inférieure.
2. Bouch.-du-Rhône	2. Pas-de-Calais.	31. Jura.
3. Pas-de-Calais.	3. Seine.	32. Charente-Infér.
4. Seine.	4. Gironde.	33. Basses-Alpes.
5. Saône-et-Loire.	5. Bouch.-du-Rhône	34. Lot.
6. Gironde.	6. Haute-Vienne.	35. Indre-et-Loire.
7. Haute-Vienne.	7. Saône-et-Loire.	36. Somme.
8. Bas-Rhin.	8. Haute-Garonne.	37. Vosges.
9. Ht-Rhin (Mulhouse)	9. Hérault.	38. Seine-Inférieure.
10. Rhône.	10. Rhône.	39. Savoie.
11. Var.	11. Ht-Rhin (Mulhouse)	40. Haute-Savoie.
12. Hérault.	12. Aude.	41. Ain.
13. Haute-Garonne.	13. Var.	42. Côte-d'Or.
14. Puy-de-Dôme.	14. Puy-de-Dôme.	43. Ardèche.
15. Seine-et-Oise.	15. Bas-Rhin.	44. Vaucluse.
16. Gard.	16. Seine-et-Oise.	45. Drôme.
17. Aude.	17. Isère.	46. Pyrénées-Orient.
18. Finistère.	18. Finistère.	47. Dordogne.
19. Isère.	19. Gard.	48. Aveyron.
	20. Allier.	49. Sarthe.
	21. Tarn.	50. Morbihan.
	22. Creuse.	51. Corrèze.
	23. Seine-et-Marne.	52. Aisne.
	24. Haute-Saône.	53. Deux-Sèvres.
	25. Ardennes.	54. Loir-et-Cher.
	26. Ille-et-Vilaine.	55. Algérie.
	27. Martinique.	56. Nièvre.
	28. Marne.	
	29. Oise.	

Nombre des Sections : 2.991.

TABLEAU DE CLASSEMENT EN 1926

Représentées par plus de 41 mandats	Ayant plus de 1.000 adhérents	Ayant de 500 à 999 adhérents
1. Nord.	1. Nord.	30. Côte-d'Or.
2. Seine.	2. Pas-de-Calais.	31. Somme.
3. Bouch.-du-Rhône	3. Seine.	32. Haute-Savoie.
4. Pas-de-Calais.	4. Gironde.	33. Indre-et-Loire.
5. Saône-et-Loire.	5. Bouch.-du-Rhône	34. Ille-et-Vilaine.
6. Gironde.	6. Saône-et-Loire.	35. Vosges.
7. Haute-Vienne.	7. Haute-Vienne.	36. Haut-Rhin (Belfort)
8. Hérault.	8. Rhône.	37. Jura.
9. Ht-Rhin (Mulhouse)	9. Hérault.	38. Haute-Saône.
10. B.-Rhin (Strasbourg)	10. Finistère.	39. Loire-Inférieure.
11. Finistère.	11. Ht-Rhin (Mulhouse)	40. Savoie.
12. Rhône.	12. Haute-Garonne.	41. Seine Inférieure.
13. Puy-de-Dôme.	13. Bas-Rhin.	42. Ardèche.
14. Var.	14. Puy-de-Dôme.	43. Loir-et-Cher.
15. Aude.	15. Aude.	44. Vaucluse.
16. Haute-Garonne.	16. Isère.	45. Dordogne.
17. Isère.	17. Seine-et-Oise.	46. Morbihan.
18. Gard.	18. Var.	47. Charente.
19. Tarn.	19. Gard.	48. Deux-Sèvres.
20. Seine-et-Oise.	20. Martinique.	49. Aisne.
21. Allier.	21. Allier.	50. Maroc.
	22. Tarn.	51. Ain.
	23. Marne.	52. Gers.
	24. Creuse.	53. Corrèze.
	25. Ardennes.	54. Aveyron.
	26. Charente-Infér.	55. Meurt.-et-Moselle
	27. Seine-et-Marne.	56. Tarn-et-Garonne.
	28. Lot.	57. Algérie.
	29. Oise.	58. Basses-Alpes.

Nombre des Sections : 3.323.

TABLEAU DE RECRUTEMENT

FÉDÉRATIONS	Adhérents en 1923	Recrutement en 3 ans 1924 à 1926	Total des colonnes 1 et 2	Adhérents en 1926	Recrutement de 1926
	1	2	3	4	5
Ain	375	620	995	570	90
Aisne	446	548	994	578	218
Algérie	200	620	820	500	200
Allier	800	1.300	2.100	1.500	200
Alpes-Maritimes	35	305	340	300	25
Ardennes	736	893	1.629	1.150	182
Ariège	30	530	560	460	100
Aube	350	285	635	425	90
Aude	705	2.476	3.181	2.335	550
Ardèche	20	1.004	1.024	740	190
Aveyron	250	548	798	534	132
Bouches-du-Rhône	2.620	4.490	7.110	3.775	860
Basses-Alpes	9	1.050	1.059	500	50
Basses-Pyrénées	36	564	600	460	131
Bas-Rhin (Strasbourg)	1.500	900	—	2.400	—
Calvados	65	393	458	259	28
Cantal	50	380	430	340	50
Charente	100	709	809	641	409
Charente-Inférieure	405	984	1.389	1.085	390
Cher	200	140	340	210	—
Constantine	—	585	585	480	300
Corrèze	100	730	830	540	150
Corse	1	461	462	296	172
Côte-d'Or	145	1.030	1.175	950	400
Côtes-du-Nord	300	625	925	475	—
Creuse	400	1.450	1.850	1.150	200
Dordogne	150	800	950	686	260
Doubs	100	435	535	400	80
Drôme	210	591	801	400	166
Deux-Sèvres	175	605	780	590	90
Eure	140	477	617	386	121
Eure-et-Loir	115	110	225	115	10
Finistère	1.600	2.400	4.000	2.510	1 100
Gard	800	1.593	2.393	1.700	305
Gers	100	634	734	560	263
Gironde	1.500	5.300	6.800	4.700	900
Haute-Garonne	532	2 770	3.302	2.500	100
Hérault	1.756	3.220	4.976	2.550	1.170
Hautes-Alpes	100	365	465	250	80
Haute-Loire	—	18	18	8	8
Haute-Marne	—	256	256	181	50
Hautes-Pyrénées	20	250	270	210	110
Haut-Rhin (Belfort)	—	901	901	817	650
Haut-Rhin (Mulhouse)	1 500	1.000	1.700	2.500	1.700
Haute-Saône	434	1.433	1.867	780	380
Haute-Savoie	100	760	860	900	100
Haute-Vienne	2.000	3.355	5.355	3 400	500
Ille-et-Vilaine	250	870	1.120	835	75

TABLEAU DE RECRUTEMENT

FÉDÉRATIONS	Adhérents en 1923	Recrutement en 3 ans 1924 à 1926	Total des colonnes 1 et 2	Adhérents en 1926	Recrutement en 1926
	1	2	3	4	5
Indre	150	350	500	460	100
Indre-et-Loire	415	881	1.296	877	219
Isère	1.162	2.264	3.406	2 250	696
Jura	—	1.060	1.060	815	140
Landes	—	367	367	287	230
Loir-et-Cher	200	610	810	710	200
Loire	139	504	643	417	100
Loire-Inférieure	530	793	1.323	780	83
Loiret	92	336	428	382	100
Lot	156	1.429	1.585	1.024	215
Lot-et-Garonne	119	398	517	277	136
Lozère	—	541	541	403	175
Martinique	—	1.900	1.900	1.640	850
Maine-et-Loire	315	340	655	350	100
Manche	50	89	139	140	30
Marne	380	1.332	1.712	1.290	448
Maroc	—	614	614	570	270
Mayenne	—	23	23	22	23
Meurthe-et-Moselle	50	758	808	530	245
Meuse	25	258	283	276	85
Moselle (Metz)	20	170	190	115	50
Morbihan	120	670	790	650	200
Nièvre	266	387	653	428	90
Nord	8.000	9.000	17.000	13.000	2.000
Oise	700	1.050	1.750	1.000	100
Oran	—	200	200	250	200
Orne	200	210	410	275	65
Pas-de-Calais	4.250	4.050	8.300	5.700	700
Puy-de-Dôme	1.355	2.445	3.800	2.350	600
Pyrénées-Orientales	120	636	756	371	83
Rhône	1.154	2 903	4.057	2.850	800
Saône-et-Loire	928	4.247	5.175	3.700	500
Sarthe	300	160	460	420	—
Savoie	—	1.070	1.070	750	220
Seine	2.605	5.196	7.801	5.050	700
Seine-et-Marne	645	1.360	2.005	1.047	210
Seine-et-Oise	835	1.940	2.775	2 000	350
Seine-Inférieure	410	715	1.125	744	150
Somme	430	1.243	1.673	915	450
Tarn	652	1.230	1.882	1.475	350
Tarn-et-Garonne	100	534	634	500	250
Tunisie	50	250	300	200	90
Var	1.020	2.100	3.120	1.840	300
Vaucluse	200	755	955	700	200
Vendée	144	359	503	370	75
Vienne	230	194	424	270	91
Vosges	470	1.031	1.501	830	270
Yonne	—	427	427	335	220

Prise annuelle de Cartes et Timbres

ANNÉES	NOMBRE		TIMBRES PRIS POUR	
	de Cartes	de Timbres	100 Cartes	Une Carte
1905.........	34.688	90.910	262	2.62
1906........	40.000	334.076	835	8.35
1907........	52.913	337.428	637	6.37
1908...... .	56.963	439.156	770	7.70
1909........	57.977	452.572	780	7.80
1910........	69.085	534.986	774	7.74
1911........	69.578	553.065	795	7.95
1912........	72.692	581.191	799	7.99
1913........	75.192	626.511	833	8.33
1914...:.. .	93.218	576.184	618	6.18
1915........	25.393	146.779	578	5.78
1916.......	25.879	194.577	751	7.51
1917........	28.224	222.298	787	7.87
1918........	15.827	145.490	919	9.19
1919........	133.277	891.076	668	6.68
1920........	179.787	1.417.168	788	7.88
1921........	50.449	372.694	738	7.38
1922........	49.174	374.805	762	7.62
1923........	50.496	402.373	796	7.96
1924........	72.659	605.147	832	8.32
1925........	111.276	924.098	830	8.30
1926........	111.368	1.018.578	914	9.14

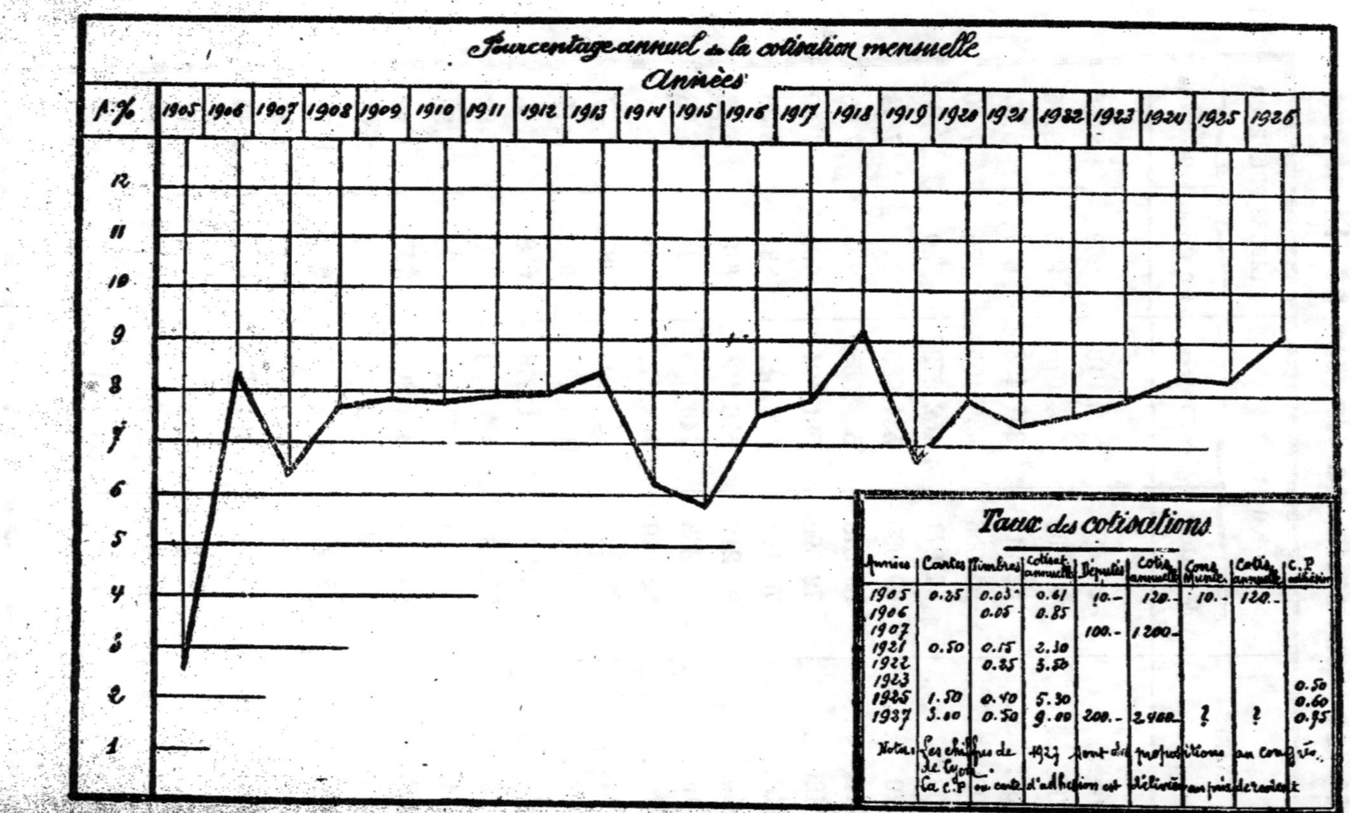

Taux des cotisations

Années	Cartes	Timbres	Cotisat. annuelle	Députés	Cotis. annuelle	Cong. Munic.	Cotis. annuelle	C.P. adhésion
1905	0.35	0.03	0.61	10.—	120.—	10.—	120.—	
1906		0.05	0.85					
1907				100.—	1200.—			
1921	0.50	0.15	2.30					
1922		0.35	5.50					
1923								0.50
1925	1.50	0.40	5.30					0.60
1937	3.00	0.50	9.00	200.—	2400.—	?	?	0.95

Nota : Les chiffres de 1923 sont des propositions au congrès de Lyon.
La C.P. ou carte d'adhésion est délivrée au prix de revient.

RAPPORT DE LA COMMISSION DE CONTROLE

La commission de contrôle nommée par le Congrès de Clermont-Ferrand, vous apporte, sous une forme extrêmement concise, le résultat de ses travaux.

Une fois de plus, elle tient à noter qu'il est fort heureux qu'elle soit composée de sept membres, sans quoi son fonctionnement eût été impossible.

Aussitôt sa constitution, un de ses membres démissionnait. D'autre part, les deux parlementaires désignés n'ont jamais assisté aux réunions et des quatre membres restant, la maladie en a réduit l'assistance à 2 ou 3 à chaque séance.

La Fédération de la Seine se doit de trouver quelques camarades qui voudront bien assurer cette tâche pourtant bien modeste et peu chargée.

La vérification des livres de comptabilité a été effectuée chaque mois par votre commission.

Il n'a été relevé aucune erreur et nous pouvons vous assurer de l'excellente tenue des livres et de la parfaite régularité des comptes.

Aucune observation n'a été relevée et la commission vous propose d'approuver la gestion de la trésorerie.

L'examen du bilan fait apparaître un dû des cotisations des élus, tant parlementaires que municipaux.

Cela est imputable à des retards qui ne sont pas toujours le fait de mauvaise volonté de la part des élus et à ce que le bilan est arrêté au 31 décembre 1926.

A la vérification du mois de janvier, cette situation n'existe plus et les retards sont à peu près exclusivement comblés.

De même, en ce qui concerne les dettes, la situation signalée plusieurs fois par votre commission de contrôle, s'est largement améliorée et il y a lieu de se montrer satisfait des constations actuelles en ce qui concerne la trésorerie.

Le Secrétaire : R. NANTILLÉ.

RAPPORT DE LA COMMISSION DES FINANCES

Le projet de budget pour l'exercice 1927 que nos camarades pourront lire dans les tableaux suivants doit être précédé de quelques explications.

Avant le Conseil National du 1er novembre 1926, nous avons appelé l'attention des Fédérations sur la nécessité qu'il y aurait à augmenter les ressources du Parti. Le projet de budget est donc établi en tenant compte des augmentations des recettes qui sont nécessaires et que nous demandons au Parti de voter.

1° Le prix du timbre mensuel passerait de 0.40 à 0 .50 ;

2° Le prix de la carte permanente et du règlement qui y est joint pour être délivrés à tout nouvel Adhérent serait porté de 0,60 à 0,75. A noter pour cet article que les cartes et les règlements sont cédés à prix coûtant aux Fédérations et que le Parti n'en retire aucune ressource. L'augmentation demandée est celle qui correspond à l'accroissement des dépenses ;

3° La feuille de cotisation annuelle passerait de 1,50 à 3. Cette augmentation a été décidée par le Conseil National de novembre 1926 à l'effet de procurer au Parti des ressources nécessaires pour la réussite du *Populaire* quotidien.

4° La cotisation des élus parlementaires passerait de fr. 3.000 à 6.000.

Comme le Groupe socialiste au Parlement, après le vote de la loi qui a porté l'indemnité parlementaire à 45.000 francs a pris l'engagement de verser dans un espace de 10 mois qui devait commencer le 1er septembre pour finir le 30 juin, la somme de 150.000 francs en faveur du *Populaire* quotidien, l'augmestation de la cotisation des élus dont il est parlé plus haut ne serait mise en vigueur qu'à partir du 1er juillet.

Les 3.000 francs que nous croyons devoir demander aux élus parlementaires seraient répartis sur les mêmes bases que la cotisation établie en 1907, c'est-à-dire que :

A. 100 francs par mois seraient versés au Parti.

B. 25 francs par mois seraient versés aux Fédérations.

C. 125 francs par mois seraient versés à l'organisme qui a supporté les frais d'élection.

5° La cotisation des élus municipaux de Paris qui avait été fixée à 10 francs par mois avant la guerre, serait portée à 20 francs par mois.

Le budget des recettes a donc été établi en tenant compte des ressources nouvelles que procureraient les augmentations demandées et que la C.A.P. demande au Congrès de voter car elle les croit justes et équitables et qu'elles sont nécessaires à l'équilibre de son budget.

En ce qui concerne le budget des Dépenses, les membres du Parti pourront constater que celles prévues pour le fonctionnement du Parti et pour ses services administratifs n'ont pas été augmentées, si ce n'est pour une partie correspondant à l'amélioration du traitement du personnel administratif employé par le Parti.

Les frais du Siège paraîtront en forte diminution (35.000 francs au lieu de 70.000) sur les dépenses constatées en 1926, mais cela tient à ce que depuis la réapparition du *Populaire* quotidien, la Société du Journal a repris la gestion de l'immeuble dont elle est d'ailleurs le principal locataire et qu'ainsi le Parti n'a plus à payer que la part qui lui incombe pour les locaux qu'il occupe. Il n'a, par contre, pas à encaisser le produit des sous-locations pour les locaux occupés par d'autres services. La C.A.P. pense du reste qu'il y aura lieu aussitôt que possible d'installer le Parti dans des locaux plus favorables à l'organisation de ses services et mieux en rapport avec sa puissance et son rayonnement.

Une des plus grosses augmentations de dépenses est celle qui est nécessitée par l'envoi, deux fois par mois, du *Populaire* à tous les membres du Parti. Pour cet objet, le budget de 1926 prévoyait une dépense de 250.000 francs, elle doit être fixée, pour 1927, à 317.563 francs.

Les frais de Congrès et de Conseils Nationaux et des Commissions administratives plénières doivent être prévus pour une somme plus élevée qu'elle ne l'était en 1926, en raison de l'augmentation des frais de chemin de fer pour les délégués et aussi d'une plus grande fréquence des réunions.

Au budget des dépenses figure également une somme de 150.000 francs pour le *Populaire* quotidien ; c'est la contre-partie de l'augmentation du prix de la feuille de cotisation qui a été votée par le Conseil National en faveur du journal.

La C.A.P. signale aux Fédérations une anomalie dans le fonctionnement budgétaire du Parti. En effet, c'est au mois d'avril seulement que le Congrès va voter le budget de 1927, alors que ce dernier doit déjà être mis en application depuis le 1ᵉʳ janvier. C'est une situation anormale qui résulte de ce que le Congrès National, dont la date a été fréquemment changée, n'a pas lieu dans les derniers mois de l'année.

Pour faire disparaître cette anomalie et pour que le Budget du Parti soit voté chaque année avant qu'il ne soit mis en application, la C.A.P. demande au Congrès de décider qu'à l'avenir le budget sera soumis, pour examen et approbation, à l'Assemblée générale qui sera la plus proche de la fin de l'année, même si cette Assemblée est un Conseil National.

Il est devenu, en effet, d'un usage courant qu'un Conseil National soit réuni dans les premiers jours de novembre. Si la proposition de la C.A.P. est admise, c'est à ce Conseil National, à défaut d'un Congrès se tenant à peu près à la même époque, que le budget sera soumis pour approbation.

La C.A.P. espère que le Congrès voudra bien approuver cette disposition qui a pour objet de faciliter l'organisation budgétaire du Parti.

RECETTES

	Constatées en 1926	Prévues en 1927	
A. — Ordinaires :			
20.000 cartes permanentes. Fr.	16.703 80	15.000	»
100.000 feuilles cotisation . . .	162.152 »	300.000	»
Règlements	8.930 80	»	»
900.000 timbres	399.041 20	450.000	»
Trop-perçu, abonnements et cotisations dues	1.230 95	»	»
B. — Extraordinaires :			
Remboursement de prêts . . .	1.646 05	1.500	»
Intérêts fonds placés	11.313 65	10.000	»
Fonds Mattéotti	4.779 85	»	»
Recettes diverses.	328 30	»	»
Recettes journal	42.014 05	»	»
Totaux . . . . . Fr	648.149 65	776 500	»

POUR L'EXERCICE 1927

Administratif

DÉPENSES

A. - Administratives :	Constatées en 1926	Prévues en 1927
Personnel . . . . . Fr.	79.170 »	85.800 »
Frais du siège	70.338 60	35.000 »
— de bureau	5.967 85	6.000 »
— de correspondance	6.704 60	7.000 »
— d'envois	2.132 50	2.500 »
— divers administr.	744 55	1.000 »
— d'archives	824 10	2.000 »
Achat matériel	4.228 40	3.000 »
Assurance personnel . .	» »	500 »
Impression cartes et timbres	26.761 20	25.000 »
Populaire (bi-mensuel) .	334.658 40	317.563 »
		485.363 »
B. — Congrès :		
Délégations internation.	11.583 65	15.000 »
Cotisations internation.	53.824 30	35.000 »
Organisation congrès nationaux	10.321 40	15.000 »
Voyages délégués congrès nationaux	21.334 15	22.000 »
Voyages délégués conseils nationaux. . . .	8.382 30	17.000 »
Organisation conseil national.	3.846 30	8.000 »
Délégation C. A. P. plénière.	9.638 15	15.000 »
Sténographie des congrès.	» »	» »
C. — Fonds Mattéotti	4.500 20	» »
		127.000 »
Totaux . . . Fr.	654.960 60	612.363 »

Budget de

RECETTES

	Constatées en 1926	Prévues en 1927
C. — **Ordinaires** :		
Cotisations parlementaires . . Fr.	126 900 »	180.200 »
Cotisations conseillers municipaux	1 470 »	2.800 »
D. — **Extraordinaires**	161.375 35	» »
TOTAL. . . . . Fr.	289.745 35	183.000 »
Budget administratif. . . .	648.149 65	776.500 »
TOTAUX. . . . . Fr.	937.895 »	959.500 »

Propagande

DÉPENSES

	Constatées en 1926	Prévues en 1927
D. — Ordinaires :		
Délégués permanents Fr.	52.800 »	52.800 »
Frais voyages, séjours .	48.430 55	58.000 »
Impression tracts et documents	2.866 90	10.000 »
Assurance permanents .	» »	1.000 »
Subv. Fédérat. Sportive	750 »	750 »
Subv. Com. Nat. Mixte.	1.642 »	2.000 »
Sec. Groupe Parlement.	19.200 »	19.000 »
Edition et librairie . . .	9.598 55	20.000 »
		163.550 »
E. - Extraordinaires :		
Organisation manifest. .	521 80	5.000 »
Subv. à Fédérations . .	4.300 »	5.000 »
Dépenses électorales . .	11.136 55	23.000 »
Produit des 1 fr. 50 sur feuilles cotisation pour *Populaire* quotidien. .	21.541 80	150.000 »
		183.000 »
TOTAL. . . Fr.	316.424 85	346.550 »
Dép. administratives.	654.960 60	612.363 »
Exc. recettes.		587 »
TOTAUX. . . Fr.	971.385 45	959.500 »

RAPPORT DU GROUPE SOCIALISTE AU PARLEMENT

présenté par Hubert ROUGER

Les camarades trouveront dans le travail consciencieux du Secrétaire administratif du groupe, André Blumel, le résumé objectif et fidèle des Travaux du Groupe socialiste au Parlement depuis le Congrès de Clermont-Ferrand et la rentrée des Chambres, après les vacances de Pâques 1926, jusqu'au 1er février 1927.

Pour la première fois, le rapport mentionnera l'activité des élus qui siègent au Luxembourg en enregistrant l'apparition d'un Groupe socialiste qui livrera — en accord avec celui de la Chambre — le bon combat à travers la brèche ouverte dans le dernier bastion de la conservation sociale.

Au cours de ces derniers mois, on peut l'affirmer sans fausse modestie, les élus du parti socialiste ont rempli avec conscience la mission qui leur est dévolue de par leur qualité de représentants de la classe ouvrière organisée au sein du Parlement. La discussion du rapport du Groupe parlementaire ramène chaque année diverses observations des délégués. L'homogénéité d'attitude du Groupe, que nous sommes heureux de signaler, empêchera, cette année que ces observations se reproduisent au Congrès National.

Avec régularité au cours des précédents Congrès et avec insistance à celui de Clermont-Ferrand, les Fédérations n'ont cessé de réclamer l'unité de vote du Groupe qui a pris les mesures nécessaires à ce sujet. Sauf des erreurs matérielles rectifiées, la lecture de l'Officiel permet de constater que dans tous les scutins émis du 27 mai 1926 au 1er février 1927, les bulletins des membres du groupe se sont retrouvés de la même couleur en des votes toujours unanimes. D'autre part, c'est avec satisfaction que nous pouvons affirmer qu'un sérieux progrès s'est révélé en ce qui concerne le devoir de propagande des élus, puisque d'une façon générale le tableau de roulement a fonctionné normalement et que les campagnes électorales pour les élections complémentaires de la Nièvre et du Nord, ont permis un effort appréciable de propagande qui a motivé, de la part des Fédérations intéressées, des adresses de félicitations au Groupe pour le concours qui leur fut apporté.

Si l'on tient compte du fait que certains membres du Groupe immobilisés par l'âge ou la maladie et des difficultés signalées par les précédents rapports, il n'est pas téméraire de dire que le Groupe, dans son ensemble, s'est appliqué à répondre d'une manière satisfaisante et dans la mesure du possible aux préoccupations légitimes des militants. En ce qui concerne son activité générale, et l'identité d'attitude des membres du Groupe comme pour l'observance de l'unité de vote, il convient d'ajouter tout de suite que sa tâche a été facilitée par l'évolution normale de sa position au sein du Parlement. Après la politique de soutien pratiquée en conformité des décisions du Parti vis-à-vis du feu cabinet Herriot, celle du soutien conditionné au cabinet Painlevé, sa position de neutralité a dû évoluer peu à peu avec la politique du Parti jusqu'à le placer sur le terrain de l'opposition au ministère dit d'Union Nationale de M. Poincaré.

*
* *

Toutes les questions auxquelles le Parti attache une importance ont été suivies au sein des Commissions et portées à la tribune lorsque cela a été utile.

C'est ainsi que le Groupe a défendu la cause des anciens combattants victimes de la guerre, celle des fonctionnaires et des petits retraités, celle des accidentés du travail et cela en contact avec les Associations régulières dont les revendications furent soutenues par lui.

En plein accord avec les Fédérations Syndicales en relations avec l'organisation confédérale, les membres du Groupe croient avoir traduit fidèlement en toutes circonstances les aspirations du monde ouvrier, comme ils ont défendu les conquêtes sociales et les libertés syndicales.

Les débats sur les huit heures et le chômage ont donné l'occasion à la pensée socialiste de s'affirmer, de même qu'au sujet de la politique du blé et de la défense des exploitations et établissements de l'Etat, afin de soutenir la thèse socialiste et syndicale de la nationalisation industrialisée.

Malgré la procédure rapide et la discussion abrégée d'un budget de 47 milliards, voulue par le Gouvernement, approuvée par sa majorité, les orateurs socialistes mandatés à cet effet se succédèrent les uns aux autres faisant entendre tour à tour les doléances et les protestations des travailleurs contre les injustices et les iniquités sociales.

*
* *

Mais c'est toujours la situation financière qui a dominé tous les autres problèmes soumis aux délibérations parlementaires.

Que ce soit au moment des incarnations successives des ministères Briand, comme sous le régime de M. Poincaré, le Groupe n'a jamais manquer d'opposer les solutions claires du Parti socialiste à celles des divers ministres des Finances.

A celles de M. Doumer (taxe sur le chiffre d'affaires), à celles de M. Péret (rassurons les possédants), à celles de M. Caillaux (plans des Experts et Décrets-Lois), à la politique d'ajournements et d'atermoiements de M. Poincaré, qui toutes se refusent à liquider le passif de la guerre en imposant les sacrifices utiles aux privilégiés du régime social.

Les hommes de confiance du Groupe ont su défendre avec énergie et compétence les véritables intérêts du pays en préconisant les mesures susceptibles d'aboutir au redressement financier de la France, mesures définies et défendues par le Parti socialiste.

Pour épargner la classe ouvrière et paysanne, pour la soulager des impôts de consommation qui ont pour conséquence de rendre plus dure et plus difficile l'existence par un effort demandé à ceux qui peuvent le fournir, leur tâche fut poursuivie avec continuité.

Dès la rentrée des Chambres, le 27 mai, les interventions socialistes se produisent, poursuivies jusqu'au 31 juillet, et du haut de la tribune de l'Assemblée Nationale du 10 août, retentissent les paroles d'espoir du socialisme, paroles qui eurent dans les masses laborieuses une profonde répercussion.

L'affirmation socialiste se renouvela sans relâche de

novembre à janvier, le Groupe socialiste ayant pleine conscience des devoirs que sa qualité de représentant des intérêts ouvriers et paysans lui impose et auxquels il entend ne pas faillir.

Durant ces derniers mois le Groupe socialiste pense s'être scrupuleusement conformé aux directives données par le Parti.

C'est aux Fédérations et au Congrès National de dire si la tâche confiée a été remplie.

Hubert ROUGER.

TRAVAUX ET INTERVENTIONS DU GROUPE

résumés par André BLUMEL

Secrétaire Administratif

et approuvés par le Groupe le 10 Février 1927

Les Fédérations trouveront ci-dessous le résumé et l'indication des travaux et interventions des Membres du Groupe socialiste au Parlement depuis le 27 mai 1926 — date à laquelle ont repris les travaux parlementaires et date également du dernier congrès — jusqu'au 1er février 1927.

Ce résumé se distingue des précédents parce qu'il comporte le compte-rendu non seulement des séances de la Chambre et du Sénat, mais aussi de l'Assemblée nationale où, pour la première fois, ont pu siéger côte à côte sur les mêmes bancs, en vue d'une révision constitutionnelle, les membres socialiste du Sénat et de la Chambre.

D'autre part, ce rapport annonce — ce qui est un événement dans l'histoire du socialisme en France — la constitution d'un groupe socialiste au Sénat.

En outre, pour la première fois depuis qu'un rapport parlementaire est établi en vue d'un congrès, il ne figurera aucune rubrique sur l'unité de vote ; en effet, en dehors des erreurs matérielles, toujours fréquentes avec le mode de votation usité par la Chambre, et des deux ou trois cas où l'un ou l'autre des membres du groupe, individuellement, s'est abstenu. alors que le Groupe votait dans un sens ou dans un autre, on peut dire que, pratiquement, l'unité de vote réclamée avec tant d'insistance *énergique* par les Congrès s'est trouvée réalisée.

Afin de faciliter les recherches dans ce sommaire, consacré à l'activité du socialisme, au Parlement, une table onomastique est dressée à la fin du rapport et permettra de retrouver facilement les interventions de chaque élu, ainsi qu'un index analytique où sont groupés, question par question, les sujets abordés par les membres du groupe.

Le Groupe socialiste au Parlement (Chambre) a eu, au cours de l'année, à déplorer de nouvelles pertes : celles de Barbin, Jean Martin, Saint-Venant sont venues accroître les deuils dont a été frappé le groupe parlementaire, en portant à 10 le nombre des disparus depuis le début de la législature. D'autre part, Paul Poncet et Louis Cluzel ont démissionné et quitté le groupe.

Par contre, le Groupe s'est accru d'une unité nouvelle : le citoyen Fié, député républicain socialiste de la Nièvre, qui a adhéré au parti.

Au 1er février 1927, le Groupe socialiste au Parlement (Chambre) comportait 95 membres, dont voici les noms :

Albert Paulin, Albert Sérol, Antonelli, Auray, Auriol (Vincent), Barabant, Barthe (Edouard), Basly, Beauvillain, Bedouce, Bernard (César), Blum (Léon), Bonin, Boudet, Bouisson (Bouches-du-Rhône), Bouveri, Breton (Jean), Briffaut, Brigault, Buisset, Cadenat, Cadot, Calmon, Camille Bénassy, Canavelli, Capgras, Carmagnolle (Hubert), Cayrel, Chacun, Charles Baron, Charles Spinasse, Chastenet, Chaüly, Chaussy, Compère-Morel, Coppeaux, Couteaux, Darme, Déat, Evrard (Raoul), Félix Jean, Félix Gouin, Février, Fié, Fontanier, Frot (Eugène), Gamard, Gardiol, Georges Richard, Georges Weill, Gerboud, Goniaux, Goude, Gros, Héliès (Louis), Henri Tasso, Hubert Rouger, Jean Payra, Labatut, Lebas, Lefebvre (François), Léon Escoffier (Nord), Locquin (Jean), Maës, Marquet, Masson, Mistral, Morin (Ferdinand), Moutet (Marius), Nadi (Jules), Nicollet, Nouelle, Parvy (Jean), Paul-Boncour, Paul Constans (Allier), Paul Faure, Peirotes, Pélissier, Plet, Ponard, Pouzet, Pressemane, Renaudel, Reynaud (Auguste), Rieux (Jean), Rognon (Etienne), Roux (Rémy), Sizaire, Sully Eldin, Théo Bretin, Thivrier (Isidore), Tilley, Uhry (Jules), Valière, Voilin (Lucien).

Les élections du 9 janvier 1927, en amenant au Sénat huit nouveaux élus : Auray, Darteyre, Dherbécourt, Fèvre, Giraud, Leclerc, Voilin et Voillot, ont permis la constitution d'un groupe socialiste au Sénat, dont voici la liste : Auray, Betoulle, Brenier, Bruguier, Darteyre, Dherbécourt, Fèvre, Fourment, Giraud, Leclerc, Reboul, Valette, Voilin, Voillot.

Si l'on considère que les citoyens Auray et Voilin sont membres de deux assemblées, l'effectif total du Groupe socialiste au Parlement avec ses deux sections (Chambre et Sénat) s'élevait, au premier février 1927, à 107 membres.

BUREAU DE LA CHAMBRE
ET DES COMMISSIONS

Les membres du Groupe font partie du bureau de la Chambre et des grandes commissions parlementaires ; en outre, pour la première fois, un socialiste occupe le fauteuil de Président de la Chambre. (1)

Le 11 janvier 1927, ouverture de la session ordinaire de 1927, la Chambre nomma son président ; au troisième tour de scrutin, notre camarade Bouisson fut élu par 284 voix contre 186 à M. Maginot.

Les deux tours précédents avaient donné les résultats suivants :

Premier tour :

André Maginot	161	suffrages
Fernand Bouisson	145	—
Léo Bouyssou	112	—
Bouilloux-Lafont	40	—
Frédéric Brunet	23	—
Divers	14	—

2° tour :

André Maginot	172	—
Fernand Bouisson	161	—
Léo Bouyssou	130	—
Divers	25	—

Les 12 et 13 janvier 1927, la Chambre procéda à l'élection des autres membres de son bureau. Notre ami Barthe fut élu questeur par 358 suffrages ; nos amis Hubert-Rouger et Marquet furent élus comme secrétaires, le premier avec 267 suffrages ; le second avec 253 suffrages.

Les membres du Groupe dont les noms suivent sont membres du bureau des commissions énumérées ci-après :

Administration générale

Vice-Président : *Chauly.* | Secrétaires : *Chacun, Jules Uhry.*

Affaires étrangères

Vice-Président : *Mistral.* | Secrétaire : *Fontanier.*

---

(1) Le 22 juillet 1926, en remplacement de M. Herriot, M. Péret avait été élu Président de la Chambre par 227 voix contre 215 à Bouisson.

Agriculture

Vice-président : *Compère-Morel.* | Secrétaire : *Chaussy.*

Algérie, colonies et protectorats

Vice-Président : *Henry Fontanier.* | Secrétaires : *Félix Gouin, Georges Nouelle.*

Alsace-Lorraine

Vice-Président : *Georges Weill.* | Secrétaire : *Barabant.*

Armée

Vice-Présidents : *Rognon, Pierre Renaudel.* | Secrétaire : *Mistral.*

Assurance et prévoyance sociales

Secrétaires : *Ferdinand Morin, Fié, Gros.*

Commerce et industrie

Vice-Président : *Henri Tasso.* | Secrétaires : *Georges Richard, Ernest Plet.*

Comptes définitifs et économies

Vice-Présidents : *Héliès, Camille Bénassy.* | Secrétaires : *Chastanet, Chacun.*

Douanes et conventions commerciales

Vice-Présidents : *Barthe, Cadenat.* | Secrétaire : *Jean Payra.*

Enseignement et Beaux-Arts

Vice-Présidents : *César Bernard, Jean Locquin.* | Secrétaires : *Adrien Marquet, Nouelle, Jean Rieux.*

Finances

Ont été désignés comme rapporteur d'un budget spécial plusieurs de nos camarades :

Instruction publique (Beaux-Arts)

Bedouce.

Instruction publique
(Enseignement technique)

Jean Locquin.

Agriculture

Compère-Morel.

Travaux publics

Moutet.

Ecole centrale des Arts et Manufactures

Jean Locquin.

Hygiène

Vice-Présidents : *Arsène Fié, Paul Nicollet.*

Secrétaires : *Jean Payra, Gardiol, Labatut.*

Législation civile et criminelle

Vice-Présidents : *Jules Uhry.*

Secrétaires : *Albert Sérol, Eugène Frot, Félix Gouin.*

Marine marchande

Vice-Présidents : *Antoine Cayrel, Henri Tasso, Hippolyte Masson, Canavelli.*

Secrétaires : *Jean Félix, Rémy-Roux.*

Marine militaire

Vice-Présidents : *Goude, Edouard Pouzet.*

Secrétaires : *Auguste Reynaud, Henri Gamard.*

Mines et Force motrice

Vice-Présidents : *Basly, Jean Bouveri.*

Secrétaires : *Thivrier, Henri Sizaire, Maës.*

Régions libérées

Vice-Présidents : *Evrard, Goniaux, Léon Escoffier.*

Travail

Vice-Présidents : *Labas*, Ponard.

Secrétaires : *Chaussy, Evrard, Albert Paulin.*

Travaux publics et moyens de communication

Président : *Bedouce.*

Secrétaires : *Darme, Louis Héliès, Paul Constans.*

Règlement

Vice-Président : *Barabant.*

Secrétaires : *Pélissier, Chastanet.*

Marchés et Spéculations

Secrétaires : *Thivrier, Gamard.*

Boissons

Président : *Barthe.*

Vice-Président : *Hubert-Rouger, Henri Tasso.*

Secrétaires : *Félix, Nouelle, Cayrel.*

Pensions

Président : *Goude,*
Vice-Président : *Calmon.*

Secrétaire : *Albert Paulin.*

Suffrage unyiersel

Vice-Président: *Jean Payrd.*

Secrétaire : *Théo-Bretin.*

Enquête sur les Réparations

Vice-Président: *Chastanet.*

Secrétaire : *Charles Spinasse.*

Enquête sur l'Union des Intérêts économiques

Secrétaire : *Auray.*

Aéronautique

Secrétaire : *Héliès.*

MEMBRES SOCIALISTES DES COMMISSIONS

A la date du 1ᵉʳ février, les commissions de la Chambre comprenaient les députés socialistes suivants :

Commission de l'Administration Générale

Barabant.
Chacun.
Chauly.
Février.

Peirotes.
Paul Faure.
Uhry Jules.

Commission des Affaires Etrangères

Couteaux.
Fontanier.
Georges Weill.
Mistral.

Paul-Boncour.
Paul Faure.
Charles Spinasse.

Commission de l'Agriculture

Barthe.
Bonin.
Carmagnolle.
Chaussy.

Compère-Morel.
Labatut.
Pélissier.

Commission de l'Algérie et des colonies

Antonelli.
Charles Baron.
Fontanier.
Félix Gouin.

Goude.
Nouelle.
Théo Bretin.

Commission d'Alsace-Lorraine

Barabant.
Capgras.
Georges Weill.
Février.

Gerboud.
Peirotes.
Charles Spinasse.
Sizaire.

Commission de l'Armée

Albert Sérol.
Marquet.
Mistral.
Paul-Boncour.

Renaudel.
Rognon.
Jean Félix.

Commission d'Assurance et de Prévoyance sociales

Antonelli.
Calmon.
Ferdinand Morin.
Lebas.
Gros.

Nicollet.
Pressemane.
Barabant.
Fié.

Commission du Commerce

Buisset.
Cadot.
Cayrel.
Chastanet.
Georges Richard.
Henri Tasso.
Plet.

Commission des Comptes définitifs

Boudet.
Buisset.
Cadenat.
Camille Bénassy.
Chacun.
Chastanet.
Héliès.
Rognon.

Commission des Douanes

Barthe.
Beauvillain.
Brigault.
Cadenat.
Hubert-Rouger.
Jean Payra.
Pélissier.

Commission de l'Enseignement

Bernard César.
Locquin.
Camille Bénassy.
Marquet.
Nouelle.
Rieux.
Rémy Roux.

Commission des Finances

Bedouce.
Blum.
Compère-Morel.
Locquin.
Moutet.
Renaudel.
Vincent Auriol.

Commission de l'Hygiène

Briffaut.
Coppeaux.
Sully Eldin.
Fié.
Gardiol.
Jean Payra.
Nicollet.
Labatut.

Commission de Législation Civile et Criminelle

Albert Sérol.
Goniaux.
Félix Gouin.
Frot.
Léon Escoffier.
Auguste Reynaud.
Jules Uhry.

Commission de de la Marine Marchande

Canavelli.	Masson.
Cayrel.	Rémy Roux.
Henri Tasso.	Tilloy.
Jean Félix.	

Commission de la Marine Militaire

Albert Paulin.	Goude.
Bonin.	Hubert-Rouger.
Breton.	Pouzet.
Gamard.	Auguste Reynaud.

Commission des Mines

Basly.	Maës.
Bouveri.	Mistral.
Charles Baron.	Sizaire.
François Lefebvre.	Thivrier.

Commission des Régions Libérées

Cadot.	Léon Escoffier.
Evrard.	Beauvillain.
Goniaux.	Maës.
François Lefebvre.	

Commission du Travail

Albert Paulin.	Gros.
Boudet.	Lebas.
Chaussy.	Parvy.
Evrard.	Ponard.

Commission des Travaux Publics

Bedouce.	Masson.
Canavelli.	Paul Constans.
Darme.	Gerboud.
Héliès.	

Commission de l'Aéronautique

Gamard.	Locquin.
Héliès.	Pouzet.

Commission des Boissons

Barthe.	Hubert Rouger.
Cayrel.	Morin Ferdinand.
Félix Jean.	Nouelle.
Henri Tasso.	Rognon.

Commission de Comptabilité

Félix Jean.
Gamard.
Payra.

Rognon.
Gardiol.

Commission de la Corse

Charles Baron.
Henri Tasso.

Roux Rémy.
Georges Richard.

Commission des Marchés

Gamard.
Héliès.
Capgras.
Rognon.

Thivrier.
Uhry.
Théo Bretin.

Commission des Pensions

Albert Paulin.
Calmon.
Gamard.
Goude.

Labatut.
Morin Ferdinand.
Gerboud.
Gardiol.

Commission du Règlement

Barabant.
Barthe.
Chastanet.
Gamard.

Georges Richard.
Marquet.
Pélissier.

Commission d'Enquête sur les Réparations

Blum.
Boudet.
Chastanet.
Evrard.

Léon Escoffier.
Peirotes.
Spinasse.

Commission du Suffrage Universel

Capgras.
Déat.
Fontanier.
Fié.

Nouelle.
Payra.
Pressemane.
Théo Bretin.

Enquête sur l'Union des intérêts économiques

Auray.
Félix.

Théo Bretin.
Uhry.

En outre, le Groupe a vu élire par la Chambre plusieurs de ses membres dans les commissions extra-parlementaires suivantes :

Fié, Gros, Voilin au Comité consultatif des assurances contre les accidents du travail ;

Gros, Lebas, au Conseil supérieur du travail ;

Fié, au Comité consultatif des assurances sur la vie ;

Ferdinand Morin au Comité consultatif des entreprises de capitalisation et d'épargne ;

Antonelli au Conseil supérieur des retraites ouvrières et paysannes ;

Calmon au Conseil supérieur de l'Office national des Pupilles de la Nation ;

Basly, Bouveri, Charles Baron, au Comité consultatif des Mines ;

Mistral, au Comité consultatif de l'énergie hydraulique ;

Nicollet, à la Commission supérieure des maladies professionnelles ;

Hubert Rouger à la Commission consultative de la Marine marchande ;

Barthe à la Commission plénière de l'Office national du Crédit agricole ;

Nouelle, au Conseil national de l'Office national des recherches scientifiques et industrielles et des inventions ;

Calmon à la Commission chargée d'établir un rapport sur la loi concernant les emplois réservés aux anciens militaires pensionnés...

Charles Baron et *Barthe* à l'Office nationale des combustibles liquides.

VIE INTÉRIEURE DU GROUPE

Du 27 mai 1926, date de rentrée de la Chambre, au 31 décembre 1926, le Groupe socialiste au Parlement a tenu 36 séances, et, du 1ᵉʳ janvier au 1ᵉʳ février 1927, 5 séances, soit un total de 41 séances.

Au cours de ses réunions, le Groupe a pris différentes délibérations.

Lors de la séance du 23 juin, le Groupe vota l'ordre du jour suivant, présenté par *Renaudel,* avec une légère modification apportée par *Léon Blum :*

« Le sentiment du Groupe socialiste ayant été interprété comme s'il était prêt à donner son appui à une combinaison ministérielle dans laquelle entreraient des hommes en qui s'est incarnée la politique du Bloc national et particulièrement M. Poincaré, le Groupe socialiste déclare qu'il n'en saurait être question pour lui, quelle que soit sa volonté de faire prédominer sa préoccupation d'assurer le salut financier et monétaire du pays. »

Au cours de sa séance du 24 juin 1926, la Commission exécutive du Groupe, après délibération, adopta l'ordre du jour suivant :

« Le Groupe socialiste a décidé d'interpeller le nouveau Gouvernement (1) et de lui poser, au cours de l'interpellation, des questions précises, notamment sur l'utilisation du fonds Morgan, sur les conditions de la stabilisation, sur l'inflation que le Groupe combattra de toute son énergie, sur les crédits extérieurs dont il n'approuvera jamais les charges accrues et les conditions de servitude sur les accords de Washington, auxquels il refusera son vote s'ils ne contiennent pas au moins la clause de transfert, sur la politique dite « de restrictions » qu'il ne laissera pas peser sur la classe ouvrière, la classe moyenne et la poduction nationale. »

Le 18 juillet 1926, le Groupe socialiste ayant reçu de M. Herriot la lettre suivante :

« Messieurs les Membres du Groupe socialiste,

« Chargé par M. le Président de la République de former un cabinet, et ayant accepté cette mission, j'ai l'honneur de vous demander votre collaboration pour un gouvernement qui se proposera essentiellement de réaliser, sous le contrôle du Parlement, la restauration financière de la France, en faisant appel aux républicains qui croient avec moi que le salut du pays doit être assuré par l'effort même de la Nation.

« Je vous demande donc de bien vouloir me faire savoir si le Parti socialiste accepte cette participation pour une action ainsi définie et qui aura pour unique objet le salut du franc.

« La gravité de la situation actuelle m'obligeant à des décisions rapides, je vous prie de vouloir bien me faire connaître votre réponse dans la soirée.

« Recevez, je vous prie, l'assurance de mes sentiments les plus cordiaux »,

---

(1) Celui de MM. Briand-Caillaux.

y répondit par la lettre ci-dessous, signée de *Léon Blum* :

« Le Groupe socialiste a pris connaissance de la lettre que vous lui avez adressée, et il vous en remercie.

« Il a entendu avec une vive satisfaction le compte-rendu de l'entretien que ses représentants ont eu avec vous et il a été heureux d'apprendre que, pour résoudre la crise financière et monétaire suspendue sur le pays, vous désirez pouvoir vous rapprocher des idées qui ont inspiré ses propres solutions.

« C'est pourquoi, pour répondre à l'offre contenue dans votre lettre, il ne se bornera pas à invoquer la décision du Congrès toute récente qui règle son action.

« Il tient à vous représenter que dans sa conviction, la forme de la participation ministérielle n'est pas celle qui lui permettrait de prêter le concours le plus efficace au gouvernement que vous vous proposez de constituer. Le Parti, en effet, se montrerait nécessairement plus exigeant sur le programme et sur la méthode d'action d'un gouvernement auquel il accorderait son appui parlementaire. Et il peut lui être plus facile de se retrouver quasi-unanime dans cet appui, alors que sa majorité s'est déclarée hostile à toute participation.

« Il vous donne donc à nouveau l'assurance qu'aux termes mêmes des résolutions de ses congrès, l'effort que vous tenterez pour assainir les finances et restaurer la monnaie par l'effort même de la Nation, est assuré de sa part d'un soutien dont l'expérience a permis d'éprouver la loyauté. »

Le 12 novembre 1926, le Groupe approuva à l'unanimité les deux communiqués suivants, rédigés par le citoyen *Léon Blum*, et dont voici le texte :

I

« Le Groupe a décidé de voter aujourd'hui contre le renvoi des interpellations, vote sur lequel le Gouvernement annonce que la question de confiance sera posée.

« Le citoyen *Paul Faure*, secrétaire général du Parti, interviendra dans le débat.

« Le Groupe ne méconnaît nullement la nécessité de voter le budget avant la fin de l'année, mais c'est au Gouvernement qu'il appartenait de convoquer les Chambres en temps utile, alors que la date choisie permet à peine, non pas même l'examen, mais le vote en temps utile du budget de 1927.

« Le Groupe entend donner à sa décision le caractère d'une protestation catégorique contre une attitude gou-

vernementale qui équivaut à l'annulation du contrôle parlementaire et à la suppression de toute activité politique
dans le Parlement et dans le pays. »

II

Le Groupe n'entend pas retarder le vote du budget par
des manœuvres d'obstruction, mais il n'entend pas davantage renoncer à son droit de contrôle sur la politique
du Gouvernement, ni se soustraire à son devoir, qui est
de poser devant le pays, à l'occasion du débat budgétaire,
les questions touchant le plus directement les intérêts de
la classe ouvrière.

« En conséquence,

« Il interviendra vigoureusement dans la discussion
générale de la loi de finances pour dénoncer à nouveau
au pays l'insuffisance de la politique gouvernementale en
ce qui concerne, notamment, le prix des denrées et la
gravité des conséquences économiques qu'elle peut en-
traîner à bref délai pour le pays.

« Les citoyens *Vincent Auriol, Bedouce, Léon Blum,*
sont désignés à cet effet.

« Le Groupe interviendra également dans la discussion
des budgets particuliers pour soulever les questions des
assurances sociales, du maintien de la loi des 8 heures,
du réajustement des traitements, des retraites et des pensions, des loyers et de l'habitation, de la réforme de l'enseignement. Il provoquera un débat d'ensemble sur la
politique extérieure du Gouvernement.

« Les citoyens *Lebas, Benassy, Déat, Fontanier, Chastanet, Voilin, Cunavelli, Masson, Nouelle,* ont reçu mandat pour ces diverses interventions. »

Au cours de la séance du 18 novembre, le Groupe
adopta à l'unanimité le règlement intérieur suivant :

RÈGLEMENT INTÉRIEUR

Délégation Exécutive et Bureau.

ARTICLE PREMIER. — Le Groupe choisit au début de chaque
législature un secrétaire, un secrétaire-adjoint et un trésorier.

ART. 2. — Le Groupe désigne chaque année au début de la
session ordinaire des Chambres, une Délégation Exécutive.

ART. 3. — Le Groupe élit chaque année cinq de ses membres destinés à assurer la présidence de ses réunions.

ART. 4. — La Délégation Exécutive dont font partie les présidents, le secrétaire, le secrétaire-adjoint, le trésorier du Groupe
est composée de treize membres.

ART. 5. — Tout membre de la Délégation Exécutive peut dé_
léguer ses pouvoirs à un suppléant qu'il choisit et qui assiste
en son lieu et place aux séances de la Délégation exécutive.

ART. 6. — La Délégation Exécutive se réunit chaque fois
qu'elle l'estime utile et au moins le Mardi de chaque semaine et
une demi-heure avant l'ouverture de chaque séance du Groupe
pour arrêter l'ordre du jour de la séance et présenter au Groupe
toute proposition qu'elle juge nécessaire.

ART. 7. — Si pendant une séance de la Chambre un vote du
Groupe doit intervenir sur une question qui n'a pas été exami-
née par lui, la Délégation Exécutive essaie de provoquer une
suspension de la séance afin que le Groupe puisse se réunir.

ART. 8. — La Délégation Exécutive qui se sera concertée au
préalable présente au Groupe une proposition concernant la
question en discussion. S'il n'y a pas unanimité au sein de la
Délégation Exécutive, le Groupe entend les thèses, soutenues
chacune par l'un des membres de la Délégation Exécutive et se
prononce sans débats.

ART. 9. — Lorsque le Groupe ne peut tenir de réunion pendant la séance de la Chambre, la Délégation Exécutive a qualité
pour prendre une décision concernant le vote à émettre.

Délibérations du Groupe.

ART. 10. — Les délibérations commencent à l'heure précise
fixée par la convocation.

ART. 11. — Les absents non excusés au moment d'une délibération ne peuvent sous aucun prétexte rouvrir le débat à un
autre moment de la séance.

ART. 12. — Seules viennent en discussion les questions portées à l'ordre du jour par la Délégation Exécutive ; mais le
président de la séance peut toujours faire discuter une question
non portée à l'ordre du jour.

ART. 13. — Le temps de parole est limité à cinq minutes sauf
le cas où la prolongation est décidée par l'assemblée consultée
par le Président et par un vote sans débats par mains levées.

ART. 14. — A la fin de la séance, les membres du Groupe qui
ont des propositions à déposer devant la Chambre en infor-
ment l'assemblée. S'ils rencontrent l'assentiment unanime, ils
sont autorisés à les déposer au nom du Groupe avec la signature
collective du Groupe. Si une opposition se rencontre, la proposition est renvoyée à la sous-commission compétente pour rapport.

ART. 15. — Les noms des membres présents aux séances du
Groupe sont publiés dans l'organe officiel du Parti.

Votation.

ART. 16. — Le Groupe vote par mains levées, sauf si un membre du Groupe demande un vote par appel nominal ; dans ce cas
le vote par procuration est autorisé en faveur des membres du

Groupe absents de Paris ou retenus dans une Commission, ou en délégation auprès du Gouvernement.

ART. 17. — La procuration valable pour une seule séance et en cas de prolongation de la discussion pour la ou les séances qui suivent n'est prise en considération que si elle a été signifiée au Secrétariat du Groupe.

ART. 18. — Le Congrès de Clermont-Ferrand précise que « la règle de l'unité de vote des membres du Groupe socialiste au Parlement comporte nécessairement pour les élus l'obligation de suivre la décision régulièrement délibérée dans le Groupe et votée à la majorité.

Sous-Commissions du Groupe.

ART. 19 (1). — Les membres délégués du Groupe appartenant à une Commission de la Chambre forment avec les membres qui désirent y être inscrits, les sous-commissions du Groupe. Chacune d'elles doit avoir un secrétaire.

ART. 20. — Toutes les demandes d'interventions, toutes les propositions soumises à l'étude de la sous-commission compétente doivent faire l'objet d'un rapport au Groupe.

ART. 21. — Les rapports des sous-commissions peuvent être écrits ou oraux, les observations des membres du Groupe peuvent toujours être présentées aux sous-commissions.

Discipline.

ART. 22. — Lorsque, sans congé, un membre du Groupe délégué à une Commission n'a pas assisté à cinq séances successives de cette Commission, la vacance de son poste est prononcée par le Groupe.

ART. 23. — Les membres du Groupe doivent communiquer au Secrétariat le nom des groupes non politiques de la Chambre auxquels ils adhèrent.

ART. 24. — Les membres du Groupe ne peuvent signer les propositions de loi ou de résolution et les amendements que présentent les membres des autres groupes qu'après avoir demandé l'autorisation du Groupe.

ART. 25. — Ils ne peuvent s'abstenir de demander cette autorisation que lorsqu'il s'agit de propositions d'intérêt local.

ART. 26. — La « Mise en congé » est interdite, en principe, aux membres du Groupe. Ceux-ci ne peuvent se faire mettre en congé sur avis conforme de la délégation exécutive.

ART. 27. — Le Groupe détermine lui-même si le fait reproché à l'un de ses membres se trouve passible d'une sanction. S'il estime qu'il constitue une atteinte à la discipline, le Groupe

---

(1) Les articles 19, 20 et 21 ont été abrogés par la substitution des rapporteurs spéciaux aux sous-commissions. (Voir page 77.)

saisit la C.A.P. aux fins d'application de la procédure de contrôle prévue par les statuts du parti.

Art. 28. — D'autre part, la C.A.P. peut, de sa propre initiative, signaler au Groupe un fait qu'elle juge répréhensible et demander que la procédure de contrôle joue comme il est prévu à l'article précédent.

Art. 29. — Si le Groupe consulté estime qu'aucune atteinte à la discipline n'a été commise, la C.A.P. peut soumettre la divergence au Conseil national régulièrement convoqué.

Au cours de la séance du 25 novembre 1926, le Groupe nomma par acclamations, en outre des membres de son bureau : *Léon Blum* secrétaire, *Hubert Rouger* secrétaire-adjoint, *Locquin* trésorier, qui sont membres de droit, les dix autres membres de la délégation exécutive, savoir : *Vincent Auriol, Bedouce, Paul-Boncour, Compère-Morel, Paul Faure, Lebas, Mistral, Moutet, Pressemane, Pierre Renaudel.*

Conformément au mandat qu'elle avait reçu du Groupe, la délégation exécutive s'est réunie le 25 novembre 1926 et décida de charger les citoyens *Bedouce, Compère-Morel, Lebas, Mistral* et *Renaudel* d'assurer la présidence des séances du Groupe.

Les rapporteurs spéciaux

Le 3 février, le Groupe décide de supprimer les sous-commissions du Groupe, pour les remplacer par une institution nouvelle : les rapporteurs spéciaux.

La fonction des rapporteurs spéciaux a été définie dans une lettre adressée par les citoyens Léon Blum et Hubert Rouger, secrétaires du Groupe, à tous les membres du Groupe.

Cher Camarade,

Sur la proposition de sa Délégation exécutive, le Groupe, dans sa séance du 3 février 1927, a arrêté une nouvelle organisation intérieure qui substitue aux sous-commissions du Groupe l'institution de rapporteurs spéciaux ayant chacun un domaine déterminé correspondant en principe à chaque budget particulier.

Les attributions de ces rapporteurs sont multiples : ils sont chargés de suivre à l'ordre du jour de la Chambre et dans la distribution des documents parlementaires toutes les propositions ou projets de loi, propositions ou projets de résolution, et d'une manière générale, toute mesure parlementaire ou gouvernementale susceptible d'intéresser le Groupe. Ils doivent en avertir le Groupe afin que celui-ci fixe à l'égard de chacune de ces questions son attitude propre.

Ils doivent, le cas échéant, apporter au Groupe des suggestions ou lui demander de prendre l'initiative de telle ou telle proposition s'ils la jugent opportune.

C'est à eux, que durant l'année, sont transmis pour examen les divers propositions ou amendements qu'ont l'intention de déposer des membres du Groupe, ainsi que les différentes communications qui peuvent être adressées au Groupe.

Pendant la discussion du budget, de même que lors de la discussion d'une loi déterminée, rentrant dans le cadre de leur activité les rapporteurs devront signaler au Groupe les questions qui sont susceptibles d'être soulevées, prévoir les interpellations possibles des membres du Groupe, au besoin les solliciter ou les provoquer, rassembler les amendements socialistes et les coordonner de telle manière que la politique du parti, toujours présente, se manifeste avec un caractère de continuité.

Ils sont d'ailleurs priés, en cas de difficultés, d'en saisir immédiatement la délégation exécutive.

Rapporteurs spéciaux du Groupe

Le Groupe a désigné les rapporteurs suivants pour les budgets ci-dessous énumérés :

Alsace-Lorraine : *Georges Weill.*
Justice : *Gouin.*
Affaires étrangères : *Spinasse.*
Intérieur : *Couteaux.*
Administration générale : *Uhry.*
Guerre : *Rognon.*
Colonies, Algérie, Tunisie : *Fontanier.*
Marine de guerre : *Goude.*
Instruction publique : *Camille Bénassy.*
Enseignement technique : *Nouelle.*
Beaux-Arts : *Marquet.*
Travail : *Albert Paulin.*
Hygiène et Assistance : *Docteur Nicollet.*
Commerce : *Cayrel.*
Agriculture : *Valière.*
Travaux publics : *Darme.*
P. T. T. : *Février.*
Mines : *F. Lefebvre.*
Forces hydrauliques : *Mistral.*
Chemins de fer : *Morin.*
Marine marchande : *Canavelli.*
Invalides de la Marine : *Henri Tasso.*
Pensions : *Calmon.*
Finances : *Locquin.*
Régions libérées : *Evrard.*
Aéronautique : *Gamard.*
Poudres : *Valière.*
Pêches : *Masson.*

DISCUSSIONS A LA CHAMBRE

Les Interpellations

Le 27 mai, la Chambre a repris ses travaux en abordant la discussion de la fixation de la date de plusieurs interpellations. Parmi celles-ci figuraient celles de nos amis *Déat* sur le scandale des exhumations militaires de Mareuil-le-Port (Marne) ; *Fontanier* sur les conditions dans lesquelles l'autorité militaire a procédé, le 26 avril, à Casablanca, à l'arrestation de deux militants socialistes et syndicalistes ; *Renaudel* sur la situation au Maroc et sur les négociations engagées avec l'Espagne en vue de la paix avec le Riff ; *Chaussy* sur les raisons pour lesquelles le Gouvernement a mis la police, la gendarmerie et l'armée au service de M. Millerand et du parti fasciste à Melun le 9 mai 1926 ; *Vincent Auriol* et *Léon Blum* sur la situation financière et sur les mesures que le Gouvernement compte proposer au Parlement ; *Chastanet* sur la crise des changes ; *Goude* sur le retard apporté à l'introduction du salaire national dans les arsenaux et établissements industriels de l'Etat ; *Voilin* et *Moutet* sur les sanctions administratives prises à la suite du procès Bardez, ainsi que sur la politique indigène du Gouvernement en Indo-Chine ; *Léon Blum, Vincent Auriol* intervinrent pour demander que la fixation de la date des interpellations sur la situation financière ne soit pas retardée, et posèrent des questions précises au Gouvernement sur sa politique financière.

Après des observations d'*Adrien Pressemane*, la Chambre fut consultée sur l'ajournement des interpellations relatives à la situation financière demandé par le Gouvernement. Nos amis déposèrent une demande de scrutin public. Le Gouvernement (celui de M. Briand) ayant posé la question de confiance, l'ajournement fut prononcé par 320 voix contre 209.

****

Le 27 mai, à propos de l'interpellation de M. Outrey sur l'action de Varenne en Indochine. *Moutet* demanda l'ajournement de l'interpellation, tout en dénonçant la politique de compression, d'exploitation, pratiquée dans nos colonies par certains hommes que connaît bien M. Outrey.

Par 325 voix contre 194, la Chambre renvoya à la suite l'interpellation de M. Outrey.

Léon Blum et *Pierre Renaudel* intervinrent également à la séance du 27 mai 1926 pour demander : Blum, que la date de l'interpellation qu'il avait déposée avec *Fontanier* sur les affaires hongroises fût fixée prochainement, tandis que Renaudel demandait que la date de l'interpellation qu'il avait déposée également avec *Fontainier* sur les affaires du Maroc fût aussi fixée à bref délai.

Cette dernière fut finalement fixée au vendredi 11 juin.

Le 27 mai 1926 également, *Moutet* demanda que l'interpellation qu'il avait déposée sur les décrets pris par le Résident général de France en Tunisie, sur le régime de la Presse, fût discutée le 18 juin, ce qui fut accepté par le Garde des Sceaux, sous réserve de l'agrément du Président du Conseil.

La non-réintégration des cheminots révoqués

Le 28 mai 1926 fut discutée l'interpellation de nos amis *Rognon, Ferdinand Morin, Gerboud, Barbin, Barabant* sur la non réintégration des cheminots révoqués au cours des grèves de 1920, malgré la promesse faite par les Compagnies de chemins de fer.

Rognon demanda que le Gouvernement fût assez énergique pour imposer aux Compagnies ce qu'il a pu réaliser sur son propre réseau.

Ferdinand Morin insista plus spécialement sur le cas de la Compagnie de Paris à Orléans, qui s'est signalée d'une manière particulière par son esprit d'arbitraire et d'injustice.

Gerboud, mécanicien révoqué, demanda justice pour ses camarades.

Après une observation d'*Albert Paulin*, parlant sur l'ordre du jour, la Chambre vota à l'unanimité l'ordre du jour de notre camarade *Rognon* et de nos amis, accepté par le Gouvernement (gouvernement Briand). Cet ordre du jour était ainsi libellé :

« La Chambre, tenant compte du temps écoulé après la grève des cheminots de 1920 et aussi de l'attitude des employés révoqués et réintégrés soit sur l'Etat, soit sur le réseau concédé, qui, après comme avant, a été celle d'employés consciencieux et sérieux, invite instamment le Gouvernement à obtenir la réintégration intégrale des cheminots révoqués, sans tenir compte des conceptions syndicales ou politiques et sans que soit opposé aux anciens agents des ateliers le fait qu'ils appartenaient à des services aujourd'hui concédés à l'industrie privée, demande que ces réintégrations soient faites sans exiger au préalable la visite médicale ; que l'amnistie administrative soit totalement appliquée aux réintégrés ; que les cheminots révoqués réintégrés ou atteints par la limite d'âge puissent, par les moyens qui conviendront, bénéficier de la retraite intégrale afin qu'ils ne soient pas victimes d'un ajournement trop long de la réintégration, passe à l'ordre du jour ».

La politique financière

Le 1ᵉʳ juin 1926, un débat s'engage sur plusieurs demandes d'interpellations, dont celles de nos amis *Léon Blum*, *Vincent Auriol* et *Bedouce* sur les déclarations faites par le Gouvernement, le 26 mai 1926.

Vincent Auriol invita instamment le Gouvernement à faire connaître d'une manière précise sa politique financière, sur laquelle une déclaration extra-parlementaire a jeté quelque lumière, confirmée par le Ministre des Finances, qui venait de déclarer qu'il faut rassurer les possédants pour restaurer les finances. Vincent Auriol conclut en montrant les dangers de la politique suivie par le Gouvernement et demanda la fixation prochaine de la date des interpellations déposées à ce sujet.

Par 313 voix contre 147, la Chambre se prononça pour l'ajournement des interpellations que demandait M. Briand, président du Conseil.

* * *

A propos d'une interpellation sur la grève des usines Renault, *Pierre Renaudel* s'éleva avec vigueur contre les insinuations de M. Biré à l'égard des ouvriers de l'usine.

Le Maroc

Le 11 juin 1926, *Henri Fontanier* développa son interpellation sur les conditions dans lesquelles l'autorité militaire procéda, le 26 avril dernier, à Casablanca, à l'arrestation de plusieurs militants socialistes et syndicalistes.

Le député du Cantal s'éleva contre ces arrestations arbitraires et demanda instamment que la République applique dans toutes les colonies et au Maroc en particulier, non seulement les lois sociales, mais toutes les lois qui protègent la liberté des citoyens.

Dans le même sens, *Renaudel* signala qu'au Maroc des employés de la République se faisaient les recruteurs des agents royalistes.

*
* *

Le 15 juin 1926, un débat s'engagea sur la fixation de la date de plusieurs interpellations financières, notamment celles de *Vincent Auriol* et de *Léon Blum*, sur les raisons de la démission du Ministre des Finances (M. Raoul Péret) et sur la politique financière du Gouvernement.

Vincent Auriol apporta la pensée socialiste dans cette intervention sur la date et demanda quels étaient les projets du Gouvernement, en indiquant une fois de plus les nôtres.

*
* *

Le 29 juin 1926, dans le débat ouvert devant la Chambre par la communication du nouveau Gouvernement (Briand-Caillaux), *Léon Blum* demanda la discussion prochaine des interpellations et exposa ses raisons. Dans une brève intervention, il opposa la déflation massive du projet socialiste aux formules contenues dans la déclaration ministérielle.

Le Gouvernement ayant posé la question de confiance, par 292 voix contre 130, la Chambre se prononça pour l'ajournement au mardi suivant de la discussion des interpellations.

*
* *

Le 30 juin 1926, en réponse à une demande d'interpellation de *Georges Weill* et de *Petrotes* sur l'extension aux fonctionnaires retraités d'Alsace et de Lorraine du bénéfice des allocations familiales, M. Pietri, sous-secrétaire d'Etat des Finances, leur demanda de la retirer, ajoutant qu'un décret tendant à leur donner satisfaction interviendrait sans tarder.

L'interpellation fut alors retirée.

LA SITUATION FINANCIÈRE

Le discours de Léon Blum sur le plan des experts

Dans la deuxième séance du 7 juillet 1926, après une observation de *Renaudel* à l'égard de M. Franklin-Bouillon, *Léon Blum* développa son interpellation sur la politique du Gouvernement (Briand-Caillaux), et en particulier sur la politique financière.

C'est à cette séance qu'il prononça, contre le plan des experts, un discours qui eut un retentissement considérable. Il critiqua ce plan point par point et insista pour l'adoption des mesures préconisées par les socialistes.

*
* *

Cette série d'interpellations sur la situation financière, qui avaient été extrêmement suivies, se termina le 9 juillet 1926.

Léon Blum répliqua à M. Caillaux — qui lui avait répondu le jour précédent. — en exposant l'économie du projet socialiste de prélèvement sur le capital.

Le Groupe socialiste déposa l'ordre du jour suivant, présenté par *Léon Blum* et *Vincent Auriol*.

« La Chambre, rejetant tout recours à l'inflation et à l'emprunt, décidée à sauvegarder l'indépendance de la Nation et résolue à assurer sans délai, et méthodiquement, la restauration financière et la stabilisation monétaire par un sacrifice national imposé à la fortune des citoyens et par la mobilisation des forces économiques du pays, passe à l'ordre du jour. »

L'ordre du jour socialiste fut rejeté par 324 voix contre 203 (pointage) et un ordre du jour de confiance au Gouvernement fut ensuite adopté par la Chambre, par 269 voix contre 247.

Les Huit Heures

Le 8 juillet 1926, *Lebas* développa son interpellation sur la suite que le Gouvernement compte donner aux conclusions des experts en ce qui concerne la journée de 8 heures. Il invita le Gouvernement à obtenir, le plus tôt possible, du Sénat le vote du projet de ratification de la Convention internationale des 8 heures.

*
* *

A la fin de la séance du 8 juillet 1926, *Canavelli*, appuyé par *Pressemane*, parlant sur la date, s'éleva contre la révocation de M. Piquemal, secrétaire général du Syndicat des agents des contributions indirectes. Il demanda également la réalisation des promesses faites aux postiers concernant leurs augmentations de traitement.

Le 9 juillet, après une communication de M. Caillaux, ministre des Finances, *Canavelli* souligna que le Ministre était, maintenant, en parfait accord avec la Fédération postale pour que les postiers obtiennent l'amélioration de situation à laquelle ils ont droit.

Le prix du pain

Les interpellations de *Pélissier*, de *Jules Uhry*, de *Chaussy* et de *Chastanet* sur la hausse du prix du blé, de la farine et du pain furent discutées à la deuxième séance du 16 juillet 1926.

Ivan Pélissier insista pour que la production fût augmentée et que la spéculation fût brisée. *Uhry* réclama des décisions au Gouvernement. *Chaussy* insista pour que des mesures soient prises contre les spéculateurs, pour la suppression des droits de douane sur les blés étrangers, pour l'interdiction de sortie des blés et farines de provenance française, enfin pour l'inventaire immédiat et exact des blés en stocks ou en meules, ainsi que de la farine se trouvant dans les minoteries et pour la taxation du prix du blé.

Le Cabinet Herriot

Le 21 juillet 1926, le Gouvernement de M. Edouard Herriot se présenta devant les Chambres.

Compère-Morel, interrompant M. Franklin-Bouillon qui interpellait le Gouvernement, lui reprocha ses contradictions.

L'ordre du jour de confiance au Gouvernement présenté par M. Cazals, pour lequel votèrent les socialistes, fut repoussé par 290 voix contre 237.

A la suite de ce vote, le Gouvernement fut démissionnaire.

Le Cabinet Poincaré

Le 27 juillet 1926, le Gouvernement de M. Poincaré se présenta devant les Chambres.

Compère-Morel, au nom du Groupe, parlant sur la date des interpellations, demanda que fussent discutées immédiatement les interpellations sur le pain et sur le blé. Il exposa également la pensée du Groupe à l'égard du nouveau Gouvernement; le Groupe se refuse à accorder sa confiance aux hommes qui représentent « la désastreuse politique intérieure et extérieure que la France a condamnée le 11 mai 1924. »

Jules Uhry demanda également la discussion immédiate de l'interpellation déposée sur le prix du pain. *Charles Baron* intervint également.

Par 358 voix contre 131, la Chambre, à la demande du Gouvernement, se prononça pour le renvoi de la date des interpellations après le vote des projets financiers.

Sur la date de la discussion des projets financiers, ce même jour, *Léon Blum* insista pour que la Chambre laisse à la Commission des Finances un délai de 3 jours pour un examen sérieux.

La Chambre se prononça, au contraire, pour la discussion le 29 juillet.

La sessions extraordinaire

Le 12 novembre 1926, eut lieu la première séance de la session extraordinaire de 1926.

Plusieurs orateurs socialistes parlèrent sur la fixation de la date des interpellations.

Paul Faure, au nom du Groupe, refusa la confiance au Gouvernement et protesta contre la méthode que celui-ci propose pour l'organisation des travaux de la Chambre, puisqu'il s'oppose à toute discussion des interpellations.

Fontanier insista pour la discussion des interpellations concernant l'Extrême-Orient.

Pouzet demanda que l'on discute le décret concernant la suppression d'arsenaux maritimes.

Cayrel se prononça pour l'examen de l'interpellation qu'il avait déposée avec *Léon Blum* sur le cartel de l'acier.

Sizaire demanda que la réforme administrative et judiciaire fût discutée rapidement.

Frot, sur la protection des nationaux français, contre la violation du droit international, stigmatisa le fascisme et s'inquiéta des mesures militaires prises par les Italiens.

Par 365 voix contre 202, la Chambre vota la proposition du Gouvernement tendant à renvoyer après le vote du budget par la Chambre la fixation de la date de toutes ces interpellations.

Le droit syndical des Fonctionnaires

A la fin de la séance de l'après-midi du 26 novembre 1926, *Canavelli* demanda la fixation de la date de son interpellation sur la révocation de Piquemal et insista sur la liberté syndicale des fonctionnaires.

L'ajournement de l'interpellation de *Canavelli* fut voté par la Chambre à la majorité de 370 voix contre 170.

A la fin de la séance du 29 novembre 1926, *Canavelli* prit la parole sur la fixation de la date de l'interpellation qu'il venait de déposer avec *Masson*, *Février* et *Nouelle* sur l'attitude du Gouvernement, qui a abouti à une mutilation du droit syndical des fonctionnaires par suite de la suspension du droit de réunion d'un congrès (congrès des fonctionnaires). Il en demanda la discussion immédiate.

Le Gouvernement ayant posé la question de confiance, par 340 voix contre 200, l'interpellation de *Canavelli* fut ajournée.

*
* *

A la fin de la séance du 2 décembre 1926, *Lebas* demanda la fixation de la date de son interpellation sur la catastrophe de l'amidonnerie d'Haubourdin ; il insista pour que des mesures fussent prises en vue d'assurer la sécurité des amidonneries.

Le Monopole des allumettes

En fin de séance, le 2 décembre, un débat eut lieu sur la fixation de la date de plusieurs interpellations : l'une, émanant d'*Auray*, de *Lucien Voilin* et d'*Uhry* ; l'autre de *Rognon*, soit sur le fonctionnement des manufactures d'allumettes, soit sur le projet de cession du monopole des allumettes à une société privée.

Après intervention d'*Auray*, qui rappela que les Socialistes ne sont pas les adversaires de l'industrialisation des monopoles d'Etat, le Président du Conseil ayant déclaré que toute convention serait soumise à la Chambre, celle-ci, par 392 voix contre 135, ajourna les interpellations.

L'extradition des trois anarchistes espagnols

A la fin de la séance du 7 décembre 1926, *Jules Uhry* posa une question au Ministre de la Justice sur l'extradition des trois anarchistes espagnols : Ascaso Abadia, Durutti, Jover Cortes et demanda leur mise en liberté.

Après une réponse du Garde des Sceaux, qui déclara que le Gouvernement français était disposé à respecter le droit d'asile mais qu'il remettrait les trois individus au Gouvernement argentin, qui en demandait également l'extradition, à condition que ceux-ci ne fussent pas livrer au Gouvernement espagnol.

*
* *

A la fin de la 2e séance du 9 décembre 1926, à propos d'une interpellation déposée par *Février* et *Canavelli*, sur le statut de la radiophonie, *Février* demanda au Gouvernement de ne pas aliéner à des intérêts privés le domaine de la radio-diffusion.

*
* *

Le 17 décembre 1926, *Charles Baron* demanda la fixation de la date de son interpellation sur la catastrophe de Saint-Auban due à l'asphyxie par le chlore. La Chambre décida de fixer ultérieurement la date de l'interpellation, après que *Charles Baron* eût demandé au Gouvernement d'ordonner une double enquête judiciaire et technique pour établir les responsabilités et prévenir le retour de semblables accidents.

Le chômage

Le vendredi 14 janvier, dans la discussion qui eut lieu à la Chambre sur la fixation de l'ordre du jour, *Léon Blum* marqua la volonté du Parti de discuter d'affilé et sans désemparer les interpellations, en première ligne les interpellations sur la vie chère et sur le chômage.

La proposition du Gouvernement, qui tendait à reporter les interpellations de vendredi en vendredi fut cependant adoptée par 361 voix contre 171 (les socialistes ayant voté contre).

****

Le 21 janvier 1927, dans la discussion qui commençait des interpellations sur la politique financière du Gouvernement ainsi que sur la crise de chômage et sur la vie chère, après des observations de *Vincent Auriol*, de *Jules Uhry* et de *Bedouce*, *Cadot* indiqua qu'il ne saurait être question de toucher aux salaires des mineurs.

Avant la fin de la séance, *Lebas* s'opposa à ce que la discussion fût renvoyée de vendredi en vendredi sans, d'ailleurs, pouvoir l'obtenir ni de la Chambre, ni du Gouvernement.

****

Le 28 janvier 1927, la Chambre reprit la suite de la discussion sur la politique financière du Gouvernement ainsi que sur la crise de vue chère et de chômage.

Après une interruption de *Bedouce*, *Lebas* développa la politique du Parti socialiste en ce qui concerne la crise de chômage et demanda des mesures d'ensemble pour remédier à la crise qui s'aggrave, envers les travailleurs victimes du chômage et privés ainsi de leur unique moyen d'existence : le salaire.

Il réclama, au cours de cette intervention, l'augmentation des allocations de chômage et l'accroissement de la participation de l'Etat aux caisses d'assistance, de telle manière que la subvention de l'Etat pourrait atteindre parfois 75 0/0.

LA DISCUSSION DU BUDGET

Le 13 novembre 1926 s'engagea devant la Chambre la discussion du budget de l'exercice 1927.

Commerce.

Dans la discussion générale du budget du Commerce, *Barthe* demanda que, dans la révision du tarif douanier, les injustices soient supprimées, — injustices dues à ce que nombre de produits, en particulier les produits agricoles, sont loin de la parité de l'or. Il parla également des clauses de l'accord franco-allemand.

C'est dans ce budget que *Masson* et *Nouelle*, mandatés par le Groupe, insistèrent pour une augmentation du traitement des fonctionnaires, en demandant que le chapitre premier fût réservé.

Par 345 voix contre 200, la proposition socialiste, sur laquelle le Gouvernement (celui de M. Poincaré) avait posé la question de confiance, fut repoussée.

Dans la discussion des chapitres intervint *Cayrel*, sur l'accord franco-allemand.

Marine.

Dans la discussion générale du budget de la Marine, *Pouzet* s'éleva contre la suppression de certains arsenaux, qui diminue la capacité de production des chantiers de l'Etat.

Pouzet intervint également dans la discussion des chapitres. Sur le chapitre 11, il déposa un amendement afin d'inviter le Gouvernement à déposer une loi des cadres. L'amendement fut repoussé par 350 voix contre 201.

Sur le chapitre 24, *Pouzet* déposa également un amendement ayant pour but de protester contre la suppression de l'arsenal de Rochefort et contre la réduction dont souffre l'arsenal de Lorient. L'amendement fut rejeté par 350 voix contre 199.

Agriculture.

Dans la discussion du budget de l'Agriculture, le 16 novembre 1926, après des interventions de *Compère-Morel*, rapporteur, *Chastanet*, mandaté par le Groupe, s'éleva contre la légende que l'on colporte contre les petits paysans et les petits propriétaires, d'après laquelle ils seraient la cause de la vie chère, et indiqua les moyens d'améliorer la production agricole.

Barthe présenta des observations sur l'électrification des campagnes et sur les travaux du Génie rural.

Chaussy insista sur le sort des salariés agricoles et demanda le vote de différentes mesures d'hygiène à leur égard.

La discussion du budget de l'Agriculture fut continuée le 7 novembre 1926.

Dans la discussion des chapitres intervinrent *Henri Tasso*, *Pélissier*, qui demanda la réglementation de l'immigration et de la main-d'œuvre étrangère, *Compère-Morel*, rapporteur, *Labatut*, qui insista pour l'élévation du taux des subventions aux offices régionaux à l'effet d'augmenter le rendement agricole. Le renvoi du chapitre à la Commission, le Gouvernement ayant posé la question de confiance, fut repoussé par 330 voix contre 135.

Yvan Pélissier demanda qu'on fît connaître un engrais nouveau, l'urée, fabriqué par l'usine de Toulouse.

Sur le chapitre 46 (Institut de recherches agronomiques), *Ferdinand Morin*, *Barthe*, présentèrent des observations ainsi que *Valière*.

L'après-midi, *Barthe*, *Barabant*, demandèrent une amélioration des moyens d'action du Service d'inspection des fraudes.

Pélissier présenta des observations ; *Jean Félix* demanda une amélioration de crédits pour les travaux d'hydraulique et du génie rural ; *Louis Héliès* proposa que le stock de cuivre que possède l'Etat et qui atteint actuellement 200.000 tonnes représentant 4 milliards de francs, fût mis à la disposition des communes pour assurer l'électrification des campagnes. Le renvoi à la Commission, demandé par *Labatut*, fut repoussé par 395 voix contre 150.

Labatut demanda également l'augmentation des crédits affectés à l'électrification des campagnes, sur laquelle il attira l'attention du Gouvernement et de la Chambre, ainsi que *Calmon*. Le renvoi à la Commission qu'il proposait fut rejeté par 405 voix contre 151.

Dans la discussion d'autres chapitres intervinrent également *Barthe*, *Barabant*, *Héliès*, sur la destruction des animaux nuisibles à l'agriculture.

Travail.

Le 18 novembre 1926, dans la discussion du budget du Travail, *Lebas*, mandaté par le Groupe, apporta les vœux du prolétariat, c'est-à-dire le vote des Assurances sociales et la ratification de la Convention internationale des 8 heures.

Après des interventions de *Cadot* et d'*Henri Tasso*, *Masson* et *Hubert Rouger* protestèrent, à propos du chapitre premier, contre le retard apporté au vote de la loi sur les assurances sociales et demandèrent que ce chapitre fût renvoyé à la Commission. Par 375 voix contre 154, la Chambre repoussa le renvoi à la Commission.

Dans la discussion des autres chapitres intervinrent également *Gros*, sur l'insuffisance des indemnités de déplacement allouées aux membres délégués au Conseil supérieur du Travail ; *Henri Tasso*, qui insista sur la nécessité d'augmenter les indemnités de chômage ; *Evrard*, qui évoqua le problème de la réglementation de la main-d'œuvre, question angoissante en raison du chômage ; *Gros* et *Tasso*, à nouveau, qui défendirent les inspecteurs du Travail.

Le 19 novembre, la Chambre reprit la discussion du budget du Travail.

François Lefebvre, tout en ne critiquant pas les inspecteurs du Travail, demanda que ceux-ci fussent en nombre suffisant pour pouvoir exercer sérieusement leurs fonctions.

En ce qui concerne le chapitre 43, *Labatut* et *Carmagnolle* proposèrent de porter le crédit de 190 millions de francs à 406 millions de francs pour élever l'allocation viagère consentie par l'Etat en faveur des vieux retraités du travail, de l'industrie, de la terre et du commerce de 200 à 360 francs par an.

Masson développa les raisons qu'aurait la Chambre de voter l'amendement. Le Gouvernement ayant posé la question de confiance sur le renvoi du chapitre à la Commission, celui-ci fut repoussé par 350 voix contre 200.

Dans la discussion des autres chapitres, *Labatut* demanda l'augmentation des indemnités que reçoivent les mutilés du travail.

Labatut déposa également un amendement proposant d'augmenter de 10 millions, le crédit réservé aux allocations aux familles dont le soutien indispensable est appelé sous les drapeaux. *Paul Constans* l'appuya, mais, le Gouvernement ayant posé la question de confiance, la proposition fut rejetée par 335 voix contre 205.

Ferdinand Morin intervint également! Il demanda que l'allocation aux familles nécessiteuses fût donnée dès le départ de la classe.

La Chambre continua l'examen de ce budget l'après-midi. *Labatut*, *Ferdinand Morin*, présentèrent des observations ainsi que *Mistral* et *Jules Uhry*, qui signalèrent qu'en raison de l'insuffisance des crédits un certain nombre de projets présentés par les offices d'habitations à bon marché se trouvent ajournés.

Instruction publique.

Le 20 novembre 1926, la Chambre aborda l'examen du projet de budget de l'Instruction publique.

Marcel Déat, mandaté par le Groupe socialiste, exposa la pensée socialiste de réforme de l'Enseignement et la possibilité d'allier une culture aussi largement humaine qu'il sera possible à une culture technique.

Dans la séance de l'après-midi, *Rémy Roux* s'éleva contre les attaques dirigées contre l'école laïque et demanda la réorganisation du corps des inspecteurs primaires.

Marcel Déat précisa d'un mot sa pensée en disant qu'il n'y aurait pas de régime capitaliste qui tiendrait devant l'école unique.

La discussion du budget de l'Instruction publique fut poursuivie le 23 novembre 1926.

Dans la discussion des chapitres, *Marcel Déat* parla de l'Ecole normale supérieure. *Rémy Roux, Henri Tasso, Cadot, Evrard* intervinrent également.

La discusion continua le 24 novembre. *Cadot* intervint de nouveau et demanda l'augmentation du crédit consacré aux constructions scolaires, *Rémy Roux* fit des observations sur la question des bourses.

Alsace-Lorraine.

Le 24 novembre, la Chambre commença l'examen du budget d'Alsace-Lorraine.

Georges Weill demanda, à propos de l'incident soulevé par Hueber qui voulait parler en dialecte alsacien, qu'un élus du suffrage universel pût s'exprimer dans la langue qu'il connaît.

Dans la discussion générale, *Georges Weill*, mandaté par le Groupe, annonça ainsi que *Peirotes* que, le cadre du budget ne se prêtant pas à une discussion ample et approfondie sur l'Alsace et la Lorraine, ils renonçaient à la parole, étant entendu que les questions alsaciennes et lorraines seraient discutées après le vote du budget.

Dans la discussion des chapitres, l'après-midi, *Georges Weill* signala l'insuffisance des retraites des fonctionnaires alsaciens ; il demanda également que la part de l'Etat fût augmentée dans la contribution à l'assurance-invalidité et vieillesse.

A propos de la demande des communistes, qui, en voulant supprimer le budget des cultes en Alsace-Lorraine, envisageaient la séparation des Eglises et de l'Etat, *Georges Weill* déclara que les socialistes étaient partisans de la laïcité de l'enseignement dans les trois départements recouvrés, mais qu'ils ne s'associaient pas à une manœuvre des communistes qui, en Alsace-Lorraine sont, d'ailleurs, beaucoup plus timides qu'en France devant ces mêmes problèmes.

Justice.

Le 25 novembre, dans la discussion du budget de la Justice, *Gouin*, mandaté par le Groupe, s'éleva contre la méthode qui était appliquée pour la réorganisation judiciaire et préconisa l'institution d'un juge unique, en demandant également l'amélioration de la situation matérielle des petits et moyens magistrats.

La discussion du budget se poursuivit l'après-midi. Dans la discussion des chapitres, *Peirotes* demanda la possibilité d'admettre parmi les jurés en Alsace ceux qui ne parlent pas la langue française.

Paul-Boncour insista sur l'amélioration du sort des magistrats.

Gouin demanda le renvoi à la Commission du projet relatif au traitement des fonctionnaires, à fin d'augmentation. La proposition fut rejétée par 375 voix contre 180.

Gouin intervint de nouveau pour parler du petit personnel et des commis greffiers. Il obtint de la Commission des Finances un relèvement des crédits de 54.000 francs.

Fontanier s'éleva également contre la suppression de certains tribunaux.

Après des observations de *Charles Baron*, *Gouin* demanda l'exemption des droits de timbre et d'enregistrement pour les petits litiges.

Travaux Publics.

Le 25 novembre 1926, la Chambre aborda la discussion du budget des Travaux publics.

Vincent Auriol répliqua à M. Le Trocquer.

Bedouce, mandaté par le Groupe socialiste, parla des ports, de la navigation, des routes et des forces hydrauliques. Il exposa la situation qui est faite à notre vie économique par l'absence de méthode dans l'exécution des programmes élaborées pour l'outillage national.

Après des interventions de *Moutet*, rapporteur, *Cadot* demanda qu'on facilite les conditions de transport des charbons.

Mistral, mandaté par le Groupe, insista sur l'intérêt qu'il y aurait à développer les forces hydrauliques en utilisant les prestations en nature et présenta également les revendications des ouvriers mineurs en ce qui concerne notamment le taux des retraites.

Dans la discussion des chapitres, *Masson* attira l'attention du Gouvernement et de la Chambre sur la situation de quelques catégories d'éclusiers auxiliaires.

Chaussy examina la répartition des crédits des routes

nationales et signala particulièrement l'insuffisance des crédits mis à la disposition des départements de la région parisienne. Il demanda le renvoi du chapitre à la Commission afin que celle-ci acceptât l'augmentation des salaires des cantonniers et l'acquisition des matériaux nécessaires pour améliorer les routes. Par 420 voix contre 141, la Chambre s'opposa au renvoi.

Après des observations de *Nonelle* et de *Barabant*, qui s'étonna de la délivrance trop aisée des permis de conduire, *Evrard* présenta quelques observations relatives au Canal du Nord et au Canal de Saint-Quentin.

Sur le chapitre ayant trait à l'amélioration des ouvrages des ports, *Masson* présenta aussi des observations, tandis qu'*Henri Tasso* signalait l'insuffisance des crédits votés pour l'extension des grands ports.

Marine Marchande.

Le 26 novembre 1926, la Chambre examina le budget de la Marine marchande.

Dans la première séance, *Masson*, mandaté par le Groupe socialiste, exposa les réformes qui intéressent les navigateurs et les pêcheurs et signala une série de moyens à employer pour obtenir les résultats désirés.

Canavelli, également mandaté par le Groupe, signala plusieurs faits au Ministre des Travaux publics.

L'après-midi, *Henri Tasso* parla des pêcheurs de la Méditerranée et demanda l'inscription au budget de quelques centaines de mille francs pour réparer les dommages causés par la tempête aux pêcheurs méditerranéens. Il obtint de la Commission des Finances un relèvement de crédits de 250.000 francs.

Henri Tasso intervint de nouveau pour que le contrôle du service de la sécurité des navires fût davantage assuré.

Masson demanda également un relèvement de crédits en faveur des pêcheurs de l'Atlantique. Il obtint finalement satisfaction, comme *Henri Tasso*, et le crédit fut relevé de 500.000 francs et porté ainsi à 800.000 francs à répartir entre tous les pêcheurs des côtes.

Dans la discussion du budget de la Caisse des Invalides de la Marine, *Henri Tasso*, mandaté par le Groupe, demanda l'augmentation de la pension servie aux Invalides et insista pour que la Chambre examine le projet de refonte des retraites des vieux marins.

Guerre.

Le 27 novembre 1926, dans la discussion générale du budget de la Guerre, *Paul-Boncour* signala l'état dans lequel se trouve actuellement l'organisation de l'armée et développa la conception socialiste de la nation armée.

Dans la discussion des chapitres, *Voilin* intervint à plusieurs reprises, notamment pour demander l'augmentation du prêt des soldats. Le renvoi du chapitre à la Commission, pour augmentation du crédit auquel s'opposaient la Commission et le Gouvernement, fut rejeté par 355 voix contre 200.

L'après-midi *Voilin* intervint à nouveau à différentes reprises ainsi que *Moutet* qui questionna le Ministre de la Guerre au sujet des salaires et des retraites du personnel des établissements de l'artillerie, tandis que *Voilin*, appuyé par *Canavelli*, demandait au Gouvernement de poursuivre l'étude de l'établissement du salaire national pour les ouvriers des arsenaux.

Dans la discussion du chapitre relatif aux établissements de l'aéronautique, *Albert Paulin* signala la mauvaise utilisation des crédits mis à la disposition de l'aéronautique militaire et dénonça les marchés scandaleux de l'aviation, tandis que *Cayrel* demandait, d'autre part, que les réparations fussent, le plus souvent possible, effectuées par les services de l'Etat et de l'Aéronautique.

Sur le chapitre 53 (Personnel de l'Intendance), *Henri Tasso* fit des observations analogues à celles de *Moutet*, *Canavelli* et *Voilin* pour l'établissement du salaire national, précédant de nouvelles interventions de *Voilin*.

Sur le chapitre concernant l'alimentation de la troupe, *Voilin* demanda le renvoi du chapitre à la Commission pour obtenir un relèvement de crédits, afin que les soldats reçoivent une nourriture plus abondante. Il ne retira sa demande de renvoi que sur des promesses catégoriques du Président du Conseil. (M. Poincaré).

Sur le chapitre ayant trait à la justice militaire, *Nouelle* apporta la protestation du Parti socialiste contre la justice militaire et demanda la suppression des conseils de guerre. Par 372 voix contre 195, la Chambre s'opposa à la suppression du crédit.

Nouelle intervint également pour demander la suppression des bagnes militaires (Biribi) et déposa une demande de suppression de crédit. Par 364 voix contre 200 la Chambre s'opposa à la suppression du crédit.

Le 28 novembre 1926, dans la discussion du budget de l'Aéronautique, *Barthe* se préoccupa de nouveau du problème du carburant.

Conventions (Chemins de Fer)

Le 29 novembre 1926, dans la discussion du budget des Conventions, *Etienne Rognon*, mandaté par le Groupe, rappela au Gouvernement la situation faite — malgré les interventions nombreuses du Groupe socialiste — aux cheminots révoqués des grèves de 1920. Il montra que, si sur le réseau de l'Etat, la presque totalité des cheminots ont été réintégrés, il était loin d'en être de même dans les autres compagnies. Il demanda également que l'amnistie administrative fût appliquée pour les cheminots, c'est-à-dire que les dossiers disciplinaires disparussent ainsi que le prescrivait la loi d'amnistie.

Gardiol présenta des observations concernant la Compagnie des chemins de fer des Basses-Alpes.

L'après-midi, *Ferdinand Morin* examina à nouveau le problème des réintégrations, tandis que *Georges Weill* demandait également la réintégration des agents des chemins de fer d'Alsace-Lorraine révoqués à la suite des sanctions prises à l'égard des employés qui avaient participé au mouvement autonomiste.

Dans la discussion des chapitres, sur celui relatif aux annuités des compagnies de chemins de fer, *Léon Blum* affirma une fois de plus le droit juridique du Gouvernement d'imposer aux compagnies la réintégration des cheminots.

Le renvoi du chapitre à la Commission, repoussé par le Gouvernement qui avait posé la question de confiance, fut rejeté par 330 voix contre 230.

Bedouce, mandaté par le Groupe socialiste, demanda l'application plus stricte des mesures de contrôle de l'Etat à l'égard des compagnies de chemins de fer, et en particulier l'application des mesures de sécurité à l'égard des voyageurs.

Il examina également le problème des 8 heures sur les chemins de fer et apporta les revendications des cheminots en ce qui concerne les salaires. Il fit également la critique des conventions de 1921.

Sur le chapitre 99, *Georges Weill* s'éleva contre le fait que le budget des deux réseaux de l'Etat (Etat et Alsace-Lorraine) fût retiré de l'ordre du jour de la Chambre en raison de l'autonomie donnée dernièrement au réseau de l'Etat, par décret.

Le Gouvernement posa la question de confiance sur ce chapitre, dont *Georges Weill* demandait qu'il fût réservé. Par 335 voix contre 183, la Chambre se rangea à l'avis du Gouvernement, malgré l'intervention de *Léon Blum*, qui signala que la Commission des Finances avait déjà déposé un rapport sur les Chemins de fer de l'Etat et que les droits de contrôle du Parlement disparaîtraient complètement si le budget était retiré.

Sur un autre chapitre, *Léon Blum* questionna le Ministre des Travaux publics sur l'application et l'interprétation des deux articles de la Convention de 1921 concernant les annuités à la Compagnie du Nord et aux Chemins de fer de l'Etat.

Sur le chapitre 109, *Ferdinand Morin* soutint les revendications des employés des compagnies secondaires et des voies d'intérêt local en ce qui concerne les salaires.

Affaires étrangères.

Le 29 novembre 1926, dans la discussion générale du budget des Affaires étrangères, *Henry Fontanier*, mandaté par le Groupe socialiste, évoqua les grands problèmes internationaux qui se posent dans le monde : les relations franco-allemandes, le problème de la Chine, sur lesquels il insista particulièrement, et demanda au Gouvernement de faire appel, dans les différents pays, aux forces démocratiques, en déclarant que si le Gouvernement s'appuyait sur la Démocratie et la Société des Nations, la France arriverait à triompher de toutes les difficultés.

Le 30 novembre, *Moutet*, mandaté également par le Groupe, examina la situation en Tunisie et critiqua l'administration et la politique du Résident général. Il s'éleva notamment contre les nouveaux décrets pris par ce dernier.

Henry Fontanier intervint également.

Beaux-Arts.

Dans le budget des Beaux-Arts, *Cayrel* demanda que les élèves mariés de l'Ecole des Beaux-Arts puissent concourir pour le Prix de Rome ; il se préoccupa également du projet de reconstruction de l'Ecole des Arts décoratifs.

Cayrel intervint également au sujet des artistes qui exposent au Salon des Indépendants et au Salon des Artistes décorateurs, tandis que *Bedouce*, rapporteur du Budget, présentait des observations à différentes reprises.

Enseignement technique.

Dans la discussion du budget de l'Enseignement technique, le 1er décembre 1926, *Mistral*, mandaté par le Groupe, examina le problème de l'enseignement technique. *Nouelle*, mandaté lui aussi par le Groupe, présenta également des observations générales sur le développement de l'enseignement technique, auquel les socialistes attachent une grande importance.

A propos des écoles nationales d'arts et métiers, *Gouin* exposa les revendications des commis et des ouvriers.

Colonies.

L'après-midi du 1ᵉʳ décembre 1926, la Chambre examina le budget des Colonies.

Lucien Voilin critiqua les abus de certains fonctionnaires coloniaux. *Fontanier* aborda différents problèmes relatifs aux colonies, notamment les conditions de travail des travailleurs coloniaux et réclama l'institution d'un débat sur les problèmes essentiels qui se posent dans les colonies.

Jean Félix, dans la dicussion des chapitres, obtint une augmentation de 24.700 francs en faveur des expéditionnaires de l'Administration centrale.

Régions libérées.

La Chambre examina le budget des Régions libérées dans l'après-midi du 1ᵉʳ décembre 1926.

Léon Escoffier, mandaté par le Groupe socialiste, exposa les revendications des petits et moyens sinistrés et se préoccupa également du rendement des prestations en nature.

Dans la discussion des chapitres, *Léon Escoffier* intervint ainsi qu'*Evrard* qui adressa une requête au Ministre en faveur des habitants des maisons provisoires.

P. T. T.

Le 2 décembre 1926, le budget des P. T. T. fut examiné par la Chambre.

Canavelli, mandaté par le Groupe socialiste, apporta l'ensemble des revendications du personnel postier.

Février, également mandaté par le Groupe, réclama le développement de l'usage des chèques postaux. *Labatut* se plaignit des suppressions administratives postales qui pèsent sur les campagnes, tandis que *Mistral* demandait le statut et le rôle des directions régionales.

Dans la discussion des chapitres, qui se poursuivit l'après-midi, *Canavelli* intervint à plusieurs reprises en attirant l'attention du Gouvernement sur la situation de différentes catégories d'employés. *Février* présenta également des observations.

Imprimerie Nationale.

Dans la discussion du budget de l'Imprimerie nationale, le 2 décembre 1926, *Lucien Voilin* intervint à diverses reprises.

Poudres.

Dans la discussion du budget des Poudres, le 2 décembre 1926, *Masson* intervint en faveur du personnel : il demanda qu'on prit toutes les précautions possibles pour diminuer les accidents.

Intérieur.

Le 2 décembre 1926, la Chambre aborda la discussion du bulget du Ministère de l'Intérieur.

Pressemane, mandaté par le Groupe socialiste, exposa l'économie de ses propositions : l'une, tendant à la révision de la Constitution de 1875 ; l'autre visant le mode électoral scandaleux du Sénat.

Pélissier, également mandaté par le Groupe, parla de l'équipée catalane et s'éleva contre l'expulsion de plusieurs Catalans.

Dans la discussion des chapitres, *Nouelle*, à propos du chapitre 38 (Dépenses de la Sûreté générale soumises à des règles particulières de contrôle : 1 million 1/2), éleva la protestation traditionnelle contre les fonds secrets en demandant de nouveau qu'un contrôle fût établi permettant de suivre l'emploi de ces fonds, contrôle qui avait été promis et n'a cependant jamais été institué. La demande de suppression du chapitre émanant de *Nouelle* fut repoussée par 410 voix contre 136.

Pensions.

Le 3 décembre 1926, la Chambre examina le budget des Pensions.

Dans la discussion générale, après une observation d'*Evrard*, *Calmon*, mandaté par le Groupe, réclama le réajustement des pensions et s'éleva également contre la révision de 4.865.000 dossiers de pensions, tandis que *Félix* indiquait un fait précis au Ministre des Pensions.

L'après-midi, *Labatut*, *Evrard*, *Frot*, *Rémy-Roux* intervinrent pour signaler différents cas et différents faits.

Dans la discussion des chapitres, *Goudé*, président de la Commission des Pensions, *Mistral*, *Calmon*, intervinrent également.

Pour le chapitre 8, *Calmon* en demanda le renvoi à la

Commission pour indiquer que le problème de réajustement des pensions ne pouvait pas être différé. *Vincent Auriol* appuya *Calmon*. Le renvoi, repoussé par le Gouvernement, qui posait la question de confiance, fut rejeté par 320 voix contre 191.

Georges Weill, Goude, Frot apportèrent également des observations.

Finances.

La Chambre examina le budget des Finances le 3 décembre 1926.

Canavelli exposa l'ensemble des revendications des fonctionnaires et montra que les indices ne correspondaient pas aux niveaux des traitements.

Rémy-Roux intervint également dans la discussion des chapitres. *Georges Weill, Goude* présentèrent diverses observations : *Goude*, à propos du chapitre 57 *bis* (Indemnités aux fonctionnaires civils et militaires, agents et ouvriers de l'Etat retraités). Il signala également diverses propositions qui permettront de faire aboutir la péréquation intégrale que réclament les retraités. *Lucien Voilin* intervint également sur ce problème.

A propos du chapitre 71 *bis*, *Canavelli* demanda la suppression des primes de rendement et de gestion qui sont données sans méthode et seulement au Ministère des Finances et qui entraînent des divisions parmi les fonctionnaires. Sa demande de suppression fut rejetée par 391 voix contre 121.

Dans la discussion du chapitre 109 *bis*, (relèvement provisoire des traitements et des soldes), *Léon Blum* demanda le renvoi du chapitre à la Commission afin de manifester la volonté de la Chambre d'augmenter le traitement des fonctionnaires. En calculant les indices, il montra combien les demandes des fonctionnaires étaient légitimes et modérées. Le Gouvernement ayant posé la question de confiance, par 320 voix contre 204, le chapitre ne fut pas renvoyé à la Commission.

Canavelli et *Rémy-Roux* présentèrent également des observations en faveur des diffférentes catégories de personnels, dans la discussion d'autres chapitres.

La loi de finances

Le 7 décembre 1926, la Chambre aborda l'examen de la loi de finances.

Vincent Auriol, remplaçant au pied levé *Léon Blum* souffrant, critiqua, au nom du Groupe, la politique économique, financière et monétaire du Gouvernement et exposa la position et les méthodes du Parti socialiste, en montrant que le prélèvement sur le capital portant sur le capital mort et non pas sur le capital vivant aurait réalisé la déflation générale.

Dans la discussion des articles, *Bedouce* obtint le renvoi de l'article 3 à la Commission.

Le 8 décembre, la Chambre reprit l'examen des articles de la loi de finances.

Masson déposa un amendement ayant pour but d'exempter de l'impôt sur le chiffre d'affaires les syndicats et coopératives maritimes. *Voilin* présenta également une observation sur cet article.

L'après-midi, *Vincent Auriol* intervint de nouveau, ainsi que *Fié* qui entretint la Chambre des sociétés tontinières qui ne sont pas des « boules de neige ». *Voilin*, d'accord avec *Fié*, demanda la disjonction de l'article qui, finalement fut votée par 385 voix contre 70.

A propos de l'article augmentant la taxe des conversations téléphoniques à longue distance, *Henri Tasso* s'éleva contre cette augmentation, tandis que *Canavelli* intervenait également.

Le 9 décembre 1926, à l'article 33 de la loi de finances, *Uhry*, par un amendement, demanda la réduction du crédit consacré au Haut-Commissariat de Rhénanie afin de protester contre le gaspillage qui sévit là-bas. Il développa cet amendement. Le Gouvernement ayant posé la question de confiance, la Chambre le repoussa par 350 voix contre 201.

Uhry également, par un autre amendement, demanda une diminution du crédit d'un autre chapitre afin de supprimer l'aumônier en chef de l'Armée du Rhin. Le Gouvernement ayant posé la question de confiance, l'amendement fut repoussé par 345 voix contre 205.

Vincent Auriol intervint sur l'article 43 à propos des superbénéfices de la Banque de France, ainsi que *Canavelli*.

Toujours à l'article 43, *Vincent Auriol* protesta contre les comptes spéciaux à propos des immeubles militaires, question au sujet de laquelle intervint plus tard *Mistral*, qui demanda que les casernes aliénées fussent livrées au Domaine le plus rapidement possible.

Louis Héliès, à propos de l'article 46, demanda à nouveau que le stock de cuivre de l'Administration de la Guerre fût utilisé pour l'électrification des campagnes.

L'après-midi, toujours dans la discussion des articles de la loi de finances, *Jean Locquin* intervint à propos du problème des bourses dans l'Enseignement.

A l'article 53, *Maës,* au nom de la Commission des Mines, demanda la disjonction de cet article qui visait les retraites des ouvriers mineurs auxquelles ne contribuerait plus l'Etat.

Il obtint satisfaction et la disjonction fut prononcée.

A l'article 54, *Auriol* posa une question relative au paiement des subventions dues aux communes par l'Etat. Le Président du Conseil lui promit de faire hâter l'exécution des ordres qu'il avait déjà donnés à ce sujet.

A l'article 92, *Barthe, Jean Félix,* par un amendement, proposèrent de porter de 50 à 100 millions, le montant des avances de l'Etat aux distributeurs d'énergie électrique dans les campagnes. Barthe développa l'amendement et obtint finalement de la Commission des Finances et de la Chambre, une augmentation de 20 millions.

A l'article 97, *Georges Weill* protesta de nouveau contre le fait, que le budget annexe des réseaux de l'Etat et d'Alsace-Lorraine ne vienne pas en discussion et puisse ainsi échapper au contrôle du Parlement.

Dans une séance de nuit, le 9 décembre 1926, à propos de l'article 32 *bis* de la loi de finances, *Henri Tasso* enregistra la réalisation des promesses faites par le Gouvernement au cours de la discussion du budget de la Caisse des Invalides et constata que, sur sa demande, le gouvernement avait élevé le taux des retraites.

L'ensemble du budget fut adopté par 393 voix contre 124, parmi lesquels les socialistes.

Le budget revint du Sénat, le 18 décembre 1926.

Dans la discussion générale, *Vincent Auriol* s'étonna de la rapidité avec laquelle le Sénat avait discuté le budget qui lui avait été adressé par la Chambre : « 4 mois précisa-t-il, pour examiner le budget du Cartel des Gauches, 4 jours pour examiner celui de l'Union nationale. »

Dans la discussion des articles, au chapitre 101, *Charles Baron* et *Maës,* par un amendement, demandèrent la reprise du chiffre fixé par la Chambre pour le traitement du personnel des services des laboratoires, le Sénat ayant diminué ce crédit; le chiffre voté par la Chambre fut rétabli.

Sur le chapitre 8, *Georges Weill* intervint ainsi que sur le chapitre 9.

A l'article 3 *bis,* disjoint par le Sénat, *Bedouce* présenta des observations ainsi que sur l'article 8 *bis,* en même temps que *Vincent Auriol.*

A l'article 8 *quater, Moutet* présenta également des observations ainsi que *Bedouce,* sur l'article 8 *sexiès* à propos des ressources de la Caisse d'amortissement.

A l'article 16 *ter, Bedouce* demanda la disjonction de l'article et l'obtint.

A l'article 47 *quinquiès*, un débat s'engagea sur l'incomptabilité du mandat de sénateur ou de député avec tous les autres emplois ou fonctions rétribués par l'Etat.

Nouelle déposa un amendement tendant à ajouter au texte du Sénat les mots : « Il y a également incompatibilité entre le mandat de député ou de sénateur et celui d'administrateur de société anonyme. »

Finalement, cet article fut disjoint.

Le projet de loi de finances revint pour la deuxième fois du Sénat, le 18 décembre 1926.

Bedouce intervint à nouveau sur le chapitre ayant trait aux monuments historiques.

Finalement, après une troisième navette, le Gouvernement lu le décret de clôture de la session extraordinaire, après adoption définitive du budget par les deux Assemblées.

PROPOSITIONS OU PROJETS DE LOI

La politique du blé

Un projet de loi tendant à assurer dans des conditions plus favorables l'approvisionnement en blé, en farine et en pain, fut discuté le 15 juin 1926 par la Chambre des Députés.

Jean Félix, Labatut se prononcèrent pour la déclaration des récoltes de blé et aussi pour la taxation ; ils indiquèrent également d'autres mesures à prendre, notamment le recensement des blés.

Masson signala le scandale de l'exportation des blés. Dans la discussion des articles, *Bedouce* invita le Ministre à exercer une serveillance pendant la suspension des droits de douane.

Les loyers

Le mardi 8 juin 1926, dans la discussion sur la révision des baux à longue durée, *Félix Gouin* intervint comme rapporteur de la Commission de Législation civile et criminelle.

Le 15 juin 1926, la Chambre reprit la discussion du projet de loi sur la révision du prix des baux à longue durée. *Henri Tasso* intervint.

La Chambre reprit le 30 juin une proposition de loi, modifiée par le Sénat une quatrième fois, relative à la propriété commerciale.

Henri Tasso et *Cayrel* déposèrent ensemble un contre-projet tendant à proroger jusqu'au 1er janvier 1927 les effets de la loi du 31 mars 1926, concernant les baux commerciaux.

Ils soutinrent ce contre-projet et montrèrent que le Gouvernement voulait faire capituler une fois de plus la Chambre devant le Sénat.

Néanmoins, la Chambre, par 395 voix contre 175, repoussa le contre-projet Tasso-Cayrel.

Sizaire critiqua la méthode de travail de la Commission.

La révision des baux à longue durée

Le 18 janvier 1927, la Chambre commença la discussion de la proposition de loi de *Henri Tasso* ayant pour objet de modifier la loi du 6 juillet 1925, autorisant la révision du prix des baux à longue durée.

Dans la discussion intervinrent *Henri Tasso* et *Félix Gouin*, rapporteur, qui fit un exposé des différentes dispositions apportées par la Commission.

Le 20 janvier 1927, la Chambre poursuivit cette discussion.

Félix Gouin, rapporteur, intervint à nouveau ainsi qu'*Auguste Reynaud*.

La Chambre poursuivit le 25 janvier 1927, la discussion de la proposition de loi sur la revision des baux à longue durée.

Intervinrent dans la discussion, *Félix Gouin* rapporteur et *Henri Tasso* et *Auguste Reynaud* lesquels, par un amendement, demandèrent à la Chambre de fixer à 25 0/0 le taux de la majoration. Leur amendement, repoussé par la Commission et le Gouvernement, le fut également par la Chambre par 365 voix contre 152.

Jules Uhry et, à plusieurs reprises notre camarade *Reynaud*, intervinrent dans la discussion.

La discussion reprit le 28 janvier 1927.

Chastanet, *Félix Gouin*, rapporteur, *Auguste Reynaud*, *Jules Uhry*, intervinrent dans le débat. *Auguste Reynaud*, par un amendement à l'article 1 ter, s'opposa en vain à ce que la loi ne soit pas applicable aux locataires de nationalité étrangère.

Le ravitaillement en blé et en farine

Le 29 juin 1926, dans la discussion d'un projet de loi de crédits. *Chaussy*, *Chastanet* s'élevèrent contre la hausse injustifiée du blé, de la farine et du pain, ainsi que *Jules Uhry*, qui demanda la fermeture de la bourse du commerce.

Le 4 août 1926, la Chambre examina le projet de loi déposé par le Ministre de l'Agriculture tendant à assurer, dans les meilleures conditions le ravitaillement en blé, en farine et en pain.

Compère-Morel, rapporteur pour avis de la Commission des Finances, fit connaître l'état de la culture du blé dans les différents pays du Monde. Il développa le projet socialiste qu'il a déposé et qui est connu sous le nom de « l'Office du Blé ».

Ce contre-projet fut rejeté par 350 voix contre 182.

Labatut présenta un article 9 *bis* nouveau, tendant à accorder une réduction de 20 0/0 sur le prix du pain aux bénéficiaires des différentes lois sociales. Il soutint cet amendement dont la Chambre consultée prononça la prise en considération et la disjonction, c'est-à-dire le renvoi à la Commission.

Les allocations aux mutilés du travail

Le 29 juin 1926, dans la discussion d'un projet de loi relatif aux allocations en faveur des victimes d'accidents du travail, *Lucien Voilin*, président de la Commission, d'Assurance et de Prévoyance sociales, appuya la demande du Ministre qui tendait à proroger de 4 années, la loi du 15 juillet 1922, instituant des allocations temporaires en faveur de certaines victimes d'accidents du travail.

Raoul Evrard insista pour que les mutilés du travail antérieurement à 1898 ne fussent pas oubliés. *Masson*, appuyé par *Bouisson* et *Canavelli* proposa, par amendement, d'élever le taux de l'allocation temporaire. Bien que l'amendement fût repoussé par le Gouvernement, il n'en fût pas moins adopté.

Albert Paulin intervint également pour demander l'augmentation de l'allocation à partir de 50 0/0 d'invalidité.

Après une intervention de *Bouisson*, l'ensemble du projet de loi fut voté.

Les impôts des coopératives

Le 30 juin 1926, dans le projet de loi sur les crédits, retour du Sénat, *Carmagnole*, au nom des paysans groupés dans les associations coopératives de production agricole, dénonça l'injustice qu'il y aurait à frapper les coopératives de l'impôt antidémocratique sur le chiffre d'affaires.

Dans cette même séance, la Chambre reprit le texte du Sénat concernant les coopératives et revint sur le vote qu'elle avait émis la veille, à la demande de nos amis.

Le 30 juin, *Félix Gouin* défendit un amendement de *Barthe* qu'il avait également signé, ayant pour objet d'exonérer de l'impôt sur le chiffre d'affaires, non seulement les syndicats agricoles, mais les caisses coopératives de production agricole, qui réunissent les conditions requises pour bénéficier de l'exonération de l'impôt sur les bénéfices industriels et commerciaux.

Bien que cet amendement fût repoussé par le Gouvernement et par la Commission des Finances. Il n'en fut pas moins voté par 182 voix contre 166.

Masson parvint, ultérieurement, à faire adopter également une disposition additionnelle ainsi conçue :

« Sont également exemptés de l'impôt les syndicats et coopératives maritimes qui remplissent les conditions énoncées ci-dessus ».

Jean Locquin, Ponard, intervinrent successivement en faveur des Coopératives de consommation, en demandant à la Chambre de voter un amendement d'Ernest Lafont qui leur appliquait un meilleur régime fiscal.

L'amendement d'Ernest Lafont fut, finalement adopté.

Chastanet demanda le 29 juin au Gouvernement de songer à la relève des soldats qui se trouvent au Maroc et en Syrie et d'accorder un congé libérable aux soldats du premier contingent de la classe 1925.

Les mesures financières

Le projet de loi instituant des mesures destinées à assurer le redressement financier et la stabilisation monétaire (pleins pouvoirs), apporté par le Gouvernement Briand-Caillaux, fut discuté le 17 juillet 1926.

Dans la discussion générale, après une observation de *Compère-Morel, Renaudel* apporta la pensée du Parti socialiste et s'éleva contre les pleins pouvoirs, tout en marquant le désir du Groupe de voir modifier le réglement de la Chambre pour accélérer le travail parlementaire.

Dans la discussion des articles, une brève controverse

s'engagea, sur l'article unique, entre M. Caillaux et *Léon Blum*.

Au moment du passage à la discussion des articles, *Léon Blum* précisa la position du problème et indiqua que le Groupe, n'acceptant ni le projet du Gouvernement, ni celui de la Commission, voterait contre le passage aux articles sur lequel le Gouvernement avait posé la question de confiance.

Par 288 voix contre 243, la Chambre se prononça contre le passage aux articles déterminant ainsi, par son vote, la chute du Gouvernement Briand-Caillaux.

Bien que le Gouvernement de M. Herriot fut démissionnaire à la suite du vote de l'ordre du jour Cazals, le Ministre des Finances (M. de Monzie), n'en demanda pas moins, dans la soirée du 21 juillet 1926, la discussion du projet relatif à une convention avec la Banque de France, pour que le Gouvernement rétrocède à cet établissement le reliquat de dollars que constitue le Fonds Morgan.

Vincent Auriol annonça que le Groupe socialiste voterait contre la proposition de la Commission, laissant à la majorité nouvelle le soin de décider du Fonds Morgan et s'élevant contre la Banque de France qui, une fois de plus, allait imposer sa volonté au Parlement.

Les projets financiers

Le 31 juillet 1926, le projet de rétablissement financier déposé par M. Poincaré, fut discuté par la Chambre.

Après une observation de *Barthe* sur une proposition d'irrecevabilité de Marcel Cachin, *Vincent Auriol*, parlant au nom de la minorité de la Commission des Finances, s'éleva avec ampleur contre le projet gouvernemental en condamnant dans son ensemble, dans son orientation et dans sa conception le projet du Gouvernement qui n'est qu'un projet de fiscalité rétrograde excessive et désordonnée.

Sur les articles du même projet, la discussion se poursuivit l'après-midi.

A l'article 3, *Théo Bretin* demanda à la Chambre de ne pas imposer un droit uniforme sur la circulation du vin, tandis que *Barthe* protestait également contre cette disposition au nom du Groupe viticole.

Le Groupe socialiste, qui avait exposé ses conceptions au cours de la discussion générale, s'abstint volontairement d'intervenir pour chaque article mais manifesta encore, néanmoins, son opinion, notamment sur l'article 17 où *Vincent Auriol* protesta contre la suppression des moyens de contrôle de l'évasion fiscale.

Après une observation de *Charles Baron,* sur l'article 21, *Léon Blum* intervint sur l'article 23 pour combattre cet article qui diminue de moitié l'impôt global sur le revenu.

La Chambre examina le 5 août le projet de loi ayant pour objet la création d'une Caisse de gestion des bons de la défense nationale.

Le citoyen *Bedouce,* au nom du Groupe socialiste, exposa l'économie du contre-projet socialiste qui date effectivement de décembre 1925 et qui tendait à créer un Office des Tabacs. Il en marqua la différence avec le projet gouvernemental.

Bedouce intervint à nouveau pour répondre au Président du Conseil (M. Poincaré) et à Renaud Jean, en insistant sur la résorption de la dette flottante et sur l'organisation plus rationnelle des grands services d'Etat par la nationalisation industrialisée.

Le contre-projet socialiste fut rejeté par 350 voix contre 172.

Dans la discussion des articles, *Barabant* intervint pour faire respecter les droits du personnel et proposa avec succès qu'un représentant des débitants de tabacs fût membre du Conseil consultatif.

Barthe intervint en faveur des coopératives algériennes et des planteurs de tabacs indigènes algériens et français et obtint une assurance catégorique du Président du Conseil à leur endroit.

Bedouce fit également une intervention au moment de la discussion de l'article 13.

Sur l'ensemble, *Bedouce* qui avait été chargé par le Groupe de suivre toute cette discussion, obtint qu'il serait indiqué, dans la présentation de chaque budget, tout mouvement de la dette publique.

Ce même jour, 5 août 1926, la Chambre discuta un projet déposé par M. Poincaré, relativement à la stabilisation monétaire.

Bedouce intervint, au nom du Groupe, pour s'élever contre ce projet qui tendait à réaliser une inflation en faisant acheter des devises étrangères par la Banque de France, qui imprimerait des billets nouveaux.

La Chambre vota néanmoins le projet par 365 voix contre 181.

Le 7 août 1926, la Chambre discuta le projet de résolution du Gouvernement tendant à compléter la loi constitutionnelle pour assurer l'autonomie de la Caisse de gestion des Bons et garantir à cette Caisse les ressources nécessaires.

Renaudel demanda qu'un texte qu'il avait proposé fût renvoyé avec le projet de résolution à la Commission compétente, ce qui fut accepté. Peu après la Chambre discuta au fond le projet.

Renaudel déposa un amendement (1) pour modifier les rapports de la Chambre des Députés et du Sénat. Il demanda la limitation des droits actuels du Sénat, notamment dans l'examen des projets qui lui sont transmis par la Chambre, et il cita à ce sujet l'exemple des différentes Chambres dans d'autres pays.

Le Gouvernement avait posé la question de confiance sur son projet de résolution, qui fut adopté par 418 voix contre 133. Les socialistes votèrent contre. Quant à l'article additionnel de Renaudel, repoussé par la Commission et le Gouvernement, il fut rejeté par 390 voix contre 180.

Convention douanière

A propos d'un projet de loi modifiant certains droits de douane entre la France et l'Italie, au cours de la séance du 18 décembre 1926, *Léon Blum* déclara que le Groupe socialiste ne voterait pas un projet de loi qu'il n'avait ni compris, ni même entendu et protestait contre l'habitude qui consiste à apporter à la dernière séance de chaque session une foule de projets hétéroclites sur lesquels il est impossible au Parlement de discuter d'une façon sérieuse.

Dans la discussion de ce projet de loi, *Barthe* se félicita que, dans l'accord entre la Belgique et la France, ait été stipulé le respect des appellations d'origine.

La réforme électorale

Le 27 mai, également, à propos de la fixation de la discussion du projet de loi portant rétablissement du scrutin uninominal, *Adrien Pressemane* intervint au nom du Groupe pour demander l'ajournement au début de 1927 de la discussion de la réforme électorale, en expliquant que des problèmes plus importants et plus urgents se posent devant l'Assemblée.

Renaudel, comme Président de la Commission du Suffrage universel, demanda le renvoi du projet de loi à la Commission, de manière que celle-ci saisie pût donner son avis.

---

(1) Voir le texte page 126.

Après une intervention de *Léon Blum*, qui demanda également un ajournement limité, la Chambre repoussa, par 280 voix contre 263, la mise à l'ordre du jour au mardi suivant de la question de la réforme électorale.

Les marchés d'aviation

Le 2 juin 1926, la Chambre commença la discussion des conclusions de la Commission chargée d'examiner le mode d'acquisition du matériel d'aviation du Département de la Guerre.

Notre camarade *Gamard*, rapporteur, rappela les conclusions du rapport qu'il présentait et qui avait été adopté à l'unanimité ; il montra que les commandes passées par le Ministère de la Guerre n'ont pas toujours comporté, de la part du Ministère, le souci des finances publiques : un matériel périmé a été fréquemment livré par des maisons d'aviation et des marchés singuliers ont parfois été passés par le Ministère de la Guerre ; il signala en même temps les inconvénients de la politique de soutien industriel pratiquée par le Gouvernement.

La discussion se poursuivit le lendemain 3 juin.

Albert Paulin intervint dans la discussion pour apporter, lui aussi, des précisions sur certaines commandes passées par le Ministère de la Guerre.

La discussion continua le lendemain 4 juin. *Albert Paulin* et *Gamard* intervinrent à nouveau.

Le 10 juin 1926, la Chambre reprit la discussion des marchés d'aviation.

Albert Paulin et *Gamard*, rapporteur, intervinrent une fois de plus et montrèrent, l'un et l'autre, leur parfait accord. *Gamard* répondit victorieusement aux observations qui avaient été présentées dans la discussion et dénonça encore une politique qui aboutit à des marchandages scandaleux.

Finalement, la Chambre, le 10 et le 11 juin, adopta une motion déposée par M. Guilhaumon et reprise par M. Pierre-Etienne Flandin et une autre motion déposée par la Commission des Marchés et Spéculations, après une nouvelle intervention de *Gamard*, qui tendaient à obtenir une meilleure organisation des services et une économie dans l'emploi et la gestion des deniers publics et aussi à introduire dans les marchés des clauses plus précises et plus rigoureuses afin d'assurer à l'avenir une bonne utilisation des deniers de l'Etat.

La main-d'œuvre étrangère

Le 7 juillet 1926, dans la discussion du projet de loi modifiant le code du travail, en vue d'assurer la protection du marché du travail national, intervinrent plusieurs socialistes : *Raoul Evrard*, qui demanda l'application d'un plan d'ensemble organisant l'immigration de la main-d'œuvre étrangère, notamment en raison de l'éventualité du chômage, et la réglementation et l'organisation de son recrutement ; *Pélissier*, qui signala l'abus de la main-d'œuvre étrangère dans le Midi viticole ainsi que *Jean Félix*.

La Chambre reprit dans sa première séance du 8 juillet 1926 la discussion de ce projet de loi.

Pélissier et *Jean Félix*, au cours de la discussion, présentèrent une disposition additionnelle tendant à obtenir, en ce qui concerne l'agriculture, qu'il ne soit délivré de carte de travail aux étrangers que s'il est joint à la demande de l'employeur un certificat du maire, spécifiant qu'il n'y a pas de chômage d'ouvriers agricoles français dans la commune et un certificat du préfet, spécifiant qu'il n'y a pas de chômage d'ouvriers français dans les environs.

Le Ministre ayant assuré formellement à *Pélissier* que les offices de placement accompliraient leur tâche, Pélissier accepta de retirer son amendement.

Après une nouvelle intervention de *Pélissier*, *Raoul Evrard* proposa également un amendement sur un article de ce projet, qui fut accepté par la Chambre.

Dans le même débat, *Pélissier* et *Evrard* intervinrent à nouveau ainsi qu'*Albert Paulin* qui expliqua le fonctionnement des offices de placement paritaires.

La réforme du règlement

La Chambre discuta la réforme de son règlement dans la 2ᵉ séance du 15 juillet 1926.

Dans la discussion générale, *Pierre Renaudel* demanda une modification plus profonde du règlement, de manière à la fois à accélérer le travail parlementaire et à mieux l'organiser afin que le Parlement ait une méthode de travail plus adéquate aux besoins de la Démocratie.

Léon Blum, s'associant aux observations de *Renaudel*, se prononça pour une augmentation des pouvoirs du président, afin que celui-ci pût préparer le débat et le diriger.

A la fin de la discussion, *Renaudel* insista pour que

l'article additionnel qu'il avait proposé relativement à la discussion des amendements en séance publique et à la procédure d'extrême urgence fût discuté immédiatement. Le Président de la Commission l'assura que ce débat viendrait très rapidement, et cet article additionnel fut renvoyé à la Commission.

Le 20 juillet 1926, la Chambre discuta les conclusions du rapport fait, au nom de la Commission du Règlement, sur différentes propositions dont l'une de *Renaudel*.

A l'article 1er, *Renaudel* insista sur l'utilité d'une procédure d'extrême urgence.

A l'article 7, il demanda qu'aucun amendement ne puisse être discuté ni mis aux voix en séance publique s'il n'avait été préalablement soumis à la commission compétente. Cet amendement fut repoussé.

Dans ce même débat, *Marquet* prit la parole contre la proposition de M. Chaumié tendant à rétablir le scrutin secret pour l'élection du président de la République. La Chambre se prononça néanmoins pour ce retour à la tradition.

A propos d'un amendement, *Léon Blum* indiqua qu'il n'était pas partisan de la création d'une Commission de Législation fiscale, ce qui entraînerait un conflit d'attributions entre cette commission et la Commission des Finances.

Renaudel déposa deux articles additionnels qui tendaient à limiter le droit d'amendement afin d'éviter le flot d'amendements improvisés qui s'abattent dans toutes les discussions.

Cayrel soutient cette proposition et préconisa des méthodes de travail plus modernes.

Finalement, *Renaudel* accepta que ses articles additionnels fussent examinés par la Commission.

Le 30 juillet 1926, la Chambre examina une résolution établissant une procédure d'extrême urgence pour la discussion du projet de redressement financier déposé par le Gouvernement (celui de M. Poincaré).

Dans la discussion, *Pierre Renaudel* montra les différences qui existent entre cette résolution et la proposition qu'il avait déposée : il a voulu non enlever au Parlement le droit d'amendement, mais seulement simplifier la procédure actuelle.

Renaudel déposa son contre-projet à l'article premier. Il fut repoussé par 324 voix contre 210.

Charles Baron essaya d'obtenir, par une disposition additionnelle, que les présidents et les membres des bureaux des grandes commissions puissent intervenir toujours dans le débat. La disjonction de sa disposition fut prononcé par la Chambre.

Le programme naval

En fin de séance, le 2 juillet, *Renaudel* empêcha que le programme ne fût mis subrepticement et rapidement à l'ordre du jour de la Chambre.

Le 6 juillet 1926, dans la discussion d'une deuxième tranche du programme naval, *Goude*, au nom du Groupe, invita le Ministre de la Marine à prendre une décision améliorant immédiatement les salaires du personnel des arsenaux de la Marine.

La réduction du service militaire

Le 18 décembre 1926, dans la discussion générale d'une proposition de résolution concernant la réorganisation de l'armée et la réduction du temps de service, *Pierre Renaudel* annonça le dépôt prochain du projet socialiste de réorganisation de l'armée, et exposa succinctement les raisons pour lesquelles le Parti socialiste voterait, néanmoins, une résolution qui marque la volonté de la Chambre de voir aboutir prochainement la réforme.

La résolution fut adoptée par l'Assemblée.

Les permissions agricoles

Dans la discussion d'un projet de loi relatif à l'octroi de permissions agricoles, *Nouelle*, le 7 août 1926, obtint du Ministre de la Guerre l'assurance que les militaires agriculteurs qui se trouvent en Afrique du Nord ou en Syrie bénéficieraient d'une libération anticipée de 15 jours.

Les conditions de travail dans les colonies

Le 15 juillet 1926, dans la discussion générale d'un emprunt destiné à l'achèvement du chemin de fer de Brazzaville à l'Océan, *Henry Fontanier* questionna le Ministre des Colonies sur les conditions de travail qui seraient appliquées sur la ligne de Brazzaville à l'Océan.

La réduction du service actif pour les Alsaciens

A propos du projet de loi fixant la durée du service militaire actif des personnes ayant acquis la nationalité française par suite du Traité de Versailles, *Georges Weill* approuva ces nouvelles dispositions qui réparaient une injustice.

*
* *

Le 4 août 1926, parlant sur l'ensemble, *Paulin* demanda que le Sénat vote rapidement la procédure d'arbitrage entre les betteraviers et les sucriers.

*
* *

Le 6 août 1926, la Chambre discuta un projet de loi autorisant l'aliénation d'un immeuble appartenant à l'Etat et dépendant de l'Académie de France à Rome.

Bedouce, rapporteur, au nom de la Commission des Finances, expliqua que la Commission concluait à l'approbation du projet amendé.

*
* *

Le 6 août 1926, dans la discussion d'une proposition de loi tendant à interdire la fabrication et la mise en vente des similaires de l'absinthe *Barthe*, président de la Commision des Boissons, demanda le renvoi de cette proposition à la Commission, en marquant qu'il était déjà opposé au vote d'une nouvelle loi d'exception.

Le compromis d'arbitrage sur les zônes franches

La Chambre discuta et adopta dans sa première séance du 16 juillet 1926 le compromis d'arbitrage entre la France et la Suisse au sujet des zones franches de la Haute-Savoie et du Pays de Gex.

Le citoyen *Antonelli* intervint au nom du Groupe et affirma une fois de plus la volonté du Parti socialiste de régler tous les différends internationaux par l'arbitrage, mais montra également que ce compromis, afin qu'il donne les résultats espérés, devait être un acte de bonne foi et ne pas préparer de malentendu nouveau.

*
* *

A la fin de la séance du 18 novembre 1926, *Lucien Voilin,* Président de la Commission d'assurances et de prévoyance sociales, rapporta un projet de loi modifiant les dispositions relatives à l'assistance obligatoire aux vieillards, qui fut voté par l'Assemblée.

*
* *

Le 11 août, dans la discussion générale d'un projet de loi concernant la taxe sur le chiffre d'affaires à l'exportation, *Pierre Renaudel* s'éleva contre le texte, qui était en contradiction avec le texte précédent déposé par le même Gouvernement.

*
* *

Ce même jour, *Masson,* dans la discussion d'un crédit supplémentaire pour assurer le service des Phares et Balises, demanda que le service des phares fût amélioré et attira l'attention du Gouvernement sur le sort des gardiens de phare, qui mérite d'être amélioré.

Les opérations électorales dans le département des Hautes-Alpes

Le 2 juillet, la Chambre examina les conclusions de la Commission d'enquête sur les opérations électorales des Hautes-Alpes.

Barabant exposa les raisons qu'avait le Groupe socialiste de demander l'invalidation de M. de Rothschild. Après les observations de *Vincent Auriol,* de *Paul Faure, Léon Blum* intervint également.

A la suite d'un scrutin public à la tribune, par 209 voix contre 86, la Chambre annula les opérations électorales du département des Hautes-Alpes, invalidant ainsi M. de Rothschild.

Le relèvement de l'indemnité parlementaire

Le 8 juin 1926, la Chambre discuta une proposition de loi ayant pour objet de modifier l'article 17 de la loi organique du 30 novembre 1875, modifiée par les lois du 23 novembre 1906 et du 27 mars 1920, c'est-à-dire une proposition tendant à élever le taux de l'indemnité parlementaire.

Le citoyen *Rognon*, rapporteur, au nom de la Commission de la Comptabilité, s'opposa à la motion d'ajournement présentée par le royaliste Biré et demanda à la Chambre de permettre aux députés de remplir leur mandat en toute indépendance.

Barabant expliqua les conditions de vie d'un parlementaire. *Léon Blum* s'éleva contre une théorie politique qui tendrait à établir le régime censitaire, en raison de la modicité de l'indemnité parlementaire.

Vincent Auriol protesta contre la manœuvre communiste de Garchery ; *Ferdinand Morin, Marquet* ripostèrent également et victorieusement à Garchery, tandis que *Barthe* donnait des explications complémentaires sur la question discutée, en indiquant que la Chambre avait tenu à ce que tous les fonctionnaires aient obtenu satisfaction avant de s'occuper de l'augmentation de l'indemnité parlementaire.

Finalement, après de nouvelles interventions de *Barabant* et de *Rognon*, ainsi que de *Jean Félix*, rapporteur-adjoint de la Commission de comptabilité, par un scrutin public à la tribune, la Chambre, après discussion de plusieurs amendements, rejeta les propositions de la Commission de Comptabilité par 150 voix contre 128.

Le 10 juin, *Cayrel*, intervenant au nom de tous les députés socialistes absents par congé ou absents au moment du vote par scrutin public sur le relèvement de l'indemnité parlementaire, indiqua que si ces députés et lui-même avaient été présents ,ils auraient voté pour le relèvement.

Rectifications de votes

César Bernard, en son nom et au nom de *Barbin*, indiqua que lui et son collègue avaient voté pour le cabinet Herriot et que, trop souvent, des erreurs matérielles se produisaient dans le dépouillement des scrutins.

Au début de la séance du 6 juillet 1926, *Ponard* intervint au nom de plusieurs membres du Groupe qui avaient été portés, par erreur, comme s'étant abstenus dans le scrutin N° 652 sur l'amendement de M. Ernest Lafont, tendant au rétablissement de l'article 22 du projet de loi modifié par le Sénat, portant ouverture et annulation de crédits sur l'exercice 1925. Il indiqua que ces membres du Groupe avaient voté pour les coopératives et non pas qu'ils s'étaient abstenus.

PROPOSITIONS ET RAPPORTS

déposés par les Membres du Groupe Socialiste au Parlement

I. — Rapports et avis déposés au nom de Commissions par des membres du Groupe

2.777. — 25 mars : GAMARD. — Commission des Marchés et des Spéculations : mode d'acquisition du matériel d'aviation du Département de la Guerre.

2.891. — 27 avril : LABATUT. — Commission de l'Agriculture : proposition de loi concernant l'achat et l'entretien du matériel agricole communal mis à la disposition de la petite et moyenne propriété.

2.925. — 28 mai : MARIUS MOUTET. — Commission des Finances : projet de loi tendant à accorder aux ouvriers mineurs et à leurs veuves une augmentation de pension et à instituer un nouvel aménagement des bases financières de la Caisse autonome de retraites des ouvriers mineurs.

2.953. — 3 juin : PEIROTES. — Commission d'Alsace-Lorraine : sur la proposition de loi de *Georges Weill* tendant à allouer aux agents et ouvriers des chemins de fer d'Alsace et Lorraine, ainsi qu'aux ouvriers des manufactures de l'Etat, dans les départements du Haut-Rhin, du Bas-Rhin et de la Moselle, une indemnité compensatrice des difficultés inhérentes à la dualité des langues et au régime spécial.

2.955. — 3 juin : JULES UHRY. — Commission de la Législation civile et criminelle : sur la proposition de loi tendant à modifier l'article unique de la loi du 20 février 1925 sur les récompenses nationales.

2.968. — 4 juin : THIVRIER : Commission des Mines et de la Force motrice : sur la proposition de loi de *Georges Richard* tendant à modifier la loi du 8 juillet 1890 et à étendre le pouvoir des délégués à la sécurité des ouvriers mineurs.

3.015. — 15 juin : ETIENNE ANTONELLI. — Commission de la Législation civile et criminelle : sur : 1° le projet de loi tendant à réprimer la hausse illicite des denrées et marchandises d'usage courant et de première nécessité ; 2° la proposition de loi tendant à réprimer la hausse illicite des denrées et marchandises d'usage courant et de première nécessité ; 3° sur la proposition de loi tendant à modifier la loi du 21 octobre 1922 concernant le délit de spéculation illicite.

3.026. — 15 juin 1926 : HENRI TASSO. — Commission du Commerce et de l'Industrie : sur la proposition de loi tendant à prohiber dans les connaissements les clauses d'exonération de responsabilité ou d'attribution de compétence.

3.048. — 29 juin 1926 : CÉSAR BERNARD. — Commission de l'Enseignement et des Beaux-Arts : sur la proposition de loi de *Chacun* relative aux garanties d'aptitude professionnelle à exiger du personnel de l'enseignement privé.

3.050. — 29 juin 1926 : ALBERT SÉROL. — Commission de la Législation civile et criminelle : sur la proposition de loi tendant à modifier les dispositions de l'article 1341 du Code civil.

3.051 : 29 juin. — ALBERT SÉROL. — Commission de la Législation civile et criminelle chargée d'examiner la proposition de loi relative à la modification de l'article 420 du Code civil.

3.052. — 29 juin 1926 : ALBERT SÉROL. — Commission de la Législation civile et criminelle : sur une proposition de loi tendant à supprimer la prohibition de mariage entre beaux-frères et belles-sœurs.

3.060. — 29 juin 1926 : GOUDE. — Commission de la Marine militaire : sur une proposition de loi ayant pour but de modifier l'article 5 de la loi du 7 décembre 1918 concernant les ingénieurs mécaniciens de 3e classe.

3.088. — 30 juin 1926 : ALBERT PAULIN. — Commission des Pensions civiles et militaires : sur une proposition de loi tendant à compléter les dispositions de l'article 3 de la loi sur les pensions du 30 décembre 1913 concernant les professeurs techniques des écoles pratiques de commerce et d'industrie.

3.117. — 2 juillet 1926 : HENRI TASSO. — Commission de la Marine marchande : sur une proposition de loi concernant les titulaires de pensions sur la Caisse des Invalides de la Marine et la Caisse de prévoyance au profit des marins français.

3.118. — 2 juillet 1926 : HENRI TASSO. — Commission de la Marine marchande : sur un projet de loi ayant pour objet de modifier la loi du 27 mars 1882 relative à la protection du balisage dans les eaux maritimes.

3.119. — 2 juillet 1926 : HENRI TASSO. — Commission de la Marine marchande : sur un projet de loi tendant à la ratification du projet de convention fixant l'âge minimum d'admission des jeunes gens au travail en qualité de soutiers ou chauffeurs (adopté par la Conférence internationale du travail dans sa 3e session tenue à Genève du 25 octobre au 19 novembre 1921.

3.120. — 2 juillet 1926 : RÉMY-ROUX. — Commission de la Marine marchande : sur un projet de loi tendant à la ratification du projet de convention concernant l'examen médical obligatoire des enfants et des jeunes gens employés à bord des bateaux, adopté par la Conférence internationale du travail dans sa troisième session tenue à Genève du 25 octobre au 19 novembre 1921.

3.122. — 2 juillet 1926 : RÉMY-ROUX. — Commission de la Marine marchande : sur un projet de loi tendant à la ratification du projet de convention concernant le placement des marins, adopté par la Conférence internationale du travail, dans sa 2ᵉ session tenue à Gênes du 15 juin au 10 juillet 1920.

3.123. — 2 juillet 1926 : LEBAS. — Commission du Travail : sur un projet de loi tendant à la ratification du projet de convention concernant le placement des marins, adopté par la Conférence internationale du travail, dans sa 2ᵉ session, tenue à Gênes, du 15 juin au 10 juillet 1920.

3.159. — 7 juillet 1926 : GROS. — Commission d'assurance et de prévoyance sociales : sur les projets et propositions de loi tendant à modifier la loi du 9 avril 1898 sur les accidents du travail.

3.188. — 9 juillet 1926 : ETIENNE ROGNON. — Commission de l'Armée : sur un projet de loi autorisant la vente d'îlots et d'anciens ouvrages militaires du littoral.

3.189. — 9 juillet 1926 : ETIENNE ROGNON. — Commission de l'Armée : sur un projet de loi relatif à la cession à la ville de Boulogne-sur-Mer de terrains provenant des anciennes fortifications.

3.190. — 9 juillet 1926 : ETIENNE ROGNON. — Commission de l'Armée : sur un projet de loi portant déclassement et autorisation d'aliéner le fort Médoc.

3.194. — 15 juillet 1926 : LÉON ESCOFFIER. — Commission de la Législation civile et criminelle : sur une proposition de loi, adoptée par le Sénat, ayant pour objet de modifier les alinéas 3 et 4 de l'article 20 de la loi du 12 juillet 1905, modifiés par la loi du 14 juin 1918, relative aux conditions de recrutement et d'avancement des juges de paix.

3.195. — 15 juillet 1926 : LÉON ESCOFFIER. — Commission de la Législation civile et criminelle : sur une proposition de loi, adoptée par le Sénat, tendant à modifier l'article 15 de la loi du 12 juillet 1905, modifié par la loi du 1ᵉʳ janvier 1926, relative à la compétence des juges de paix.

3.197. — 15 juillet 1926 : PEIROTES. — Commission d'Alsace-Lorraine : sur un projet de loi autorisant déclarant d'utilité publique et concédant à la Société des Forces motrices du Haut-Rhin les travaux d'aménagement de la chute de Kembs (Haut-Rhin) sur le Rhin.

3.230. — 21 juillet 1926 : PEIROTES. — Commission d'Alsace-Lorraine : sur un projet de loi portant ratification du décret du 30 septembre 1925 portant rattachement des services généraux de police des départements du Bas-Rhin, du Haut-Rhin et de la Moselle, au Ministère de l'Intérieur.

3.238. — 27 juillet 1926 : LEBAS. — Commission du Travail : sur un projet de loi ayant pour objet l'insertion de clauses relatives au statut du personnel dans les cahiers des charges des concessions de gaz et d'électricité.

3.256. — 27 juillet 1926 : CANAVELLI. — Commission de la Marine marchande : sur la proposition de loi de *Hubert Rouger* tendant à accorder une pension proportionnelle aux anciens inscrits de la navigation intérieure. (Adoptée par la Chambre.)

3.262. — 30 juillet 1926 : LÉON ESCOFFIER. — Commission des Régions libérées : sur le projet de loi ayant pour objet de modifier la loi du 2 mai 1924 tendant à soumettre, en vue de leur examen ou de leur réduction, certaines indemnités de dommages de guerre à un recours extraordinaire en réduction.

3.282. — 31 juillet 1926 : CHARLES BARON. — Commission des Mines et de la Force motrice : sur une proposition de résolution tendant à hâter le vote du projet de loi accordant aux ouvriers mineurs et à leurs veuves une augmentation de pension.

3.286. — 31 juillet 1926 : BEDOUCE. — Commission des Finances : sur un projet de loi autorisant l'aliénation d'un immeuble appartenant à l'Etat et dépendant de l'Académie de France à Rome.

3.307. — 5 août 1926 : LABATUT. — Commission des Pensions civiles et militaires : sur la proposition de loi de *Labatut* tendant à rouvrir pour une période de deux ans le délai pendant lequel les veuves de fonctionnaires mobilisés au cours de la guerre 1914-1918 peuvent faire valoir leurs droits à une pension civile de réservion en raison des services civils de leurs maris.

3.313. — 5 août 1926 : ALBERT SÉROL. — Commission de la Législation civile et criminelle : sur un projet de loi, adopté par le Sénat, adopté avec modifications par la Chambre des Députés, adopté avec modifications par le Sénat, tendant à modifier l'article 394 du Code d'instruction criminelle.

3.325. — 6 août 1926 : ALBERT PAULIN. — Commission du Travail : sur une proposition de loi tendant à la suppression le dimanche des adjudications mobilières et immobilières de toute nature, afin d'assurer le repos hebdomadaire aux clercs des officiers publics et ministériels faisant des ventes.

3.370. — 11 août 1926 : MISTRAL. — Commission des Affaires étrangères : sur un projet de loi tendant à la ratification du projet de convention concernant les droits d'association et de coalition des travailleurs agricoles adopté par la Conférence internationale du travail dans sa 3e session, tenue à Genève, du 25 octobre au 19 novembre 1921.

3.371. — 11 août 1926 : MISTRAL. — Commission des Affaires étrangères : sur un projet de loi tendant à la ratification du projet de convention concernant la réparation des accidents du travail dans l'agriculture, adopté par la Conférence internationale du travail dans sa 3e session, tenue à Genève, du 25 octobre au 19 novembre 1921.

3.376. — 11 août 1926 : LABATUT. — Commission de l'Agriculture : sur une proposition de loi de *Compère-Morel* tendant à modifier la loi du 5 août 1920 sur le crédit agricole, afin de faciliter les prêts individuels.

3.396. — BEDOUCE : Sur un projet de loi portant fixation du budget général de l'exercice 1927 : Beaux-Arts.

3.397. — 11 août 1926 : JEAN LOCQUIN. — Commission des Finances : sur un projet de loi portant fixation du budget général de l'exercice 1927 : Enseignement technique.

3.402. — Compère-Morel. — Commission des Finances : sur le budget général de 1927 : Agriculture.

3.403. — 11 août 1926 : Marius Moutet. — Commission des Finances : sur le budget général de 1927 : Travaux publics, 1re section.

3.411. — 11 août 1926 : Valière. — Commission des Finances : sur le budget général 1927 : budget annexe du Service des Poudres.

3.412. — 11 août 1926 : Jean Locquin. — Commission des Finances : sur le budget général 1927. — Budget annexe de l'École centrale des Arts et Manufactures.

3.428. — 12 novembre 1926 : Eugène Frot. — Commission de la Législation civile et criminelle : sur une proposition de loi tendant à instituer l'aliénation mentale comme cause du divorce.

3.563. — 19 novembre 1926 : Fié. — Commission d'assurance et de prévoyance sociales : sur un projet de loi étendant la législation sur les accidents du travail au personnel médical des hôpitaux et autres établissements d'assistance et de bienfaisance publics et privés.

3.652. — 3 décembre 1926 : Camille Bénassy. — Commission de l'Enseignement et des Beaux-Arts : sur une proposition de loi adoptée par la Chambre des Députés, adoptée avec modifications par le Sénat. tendant à la titularisation rétroactive des instituteurs stagiaires.

3.675. — 9 décembre 1926 : Victor Darme. — Commission des Travaux publics et des moyens de communication : examen du projet de loi ayant pour objet d'autoriser le rachat, par le département du Rhône, de la voie ferrée d'intérêt local d'Amplepuis à Saint-Vincent-de-Reine.

3.726. — 18 décembre 1926 : Léon Escoffier. — Commission de la Législation civile et criminelle : sur le projet de loi, adopté par la Chambre des députés, adopté avec modifications par le Sénat, ayant pour objet la réglementation de la colombophilie et l'utilisation des pigeons voyageurs.

3.751. — 14 janvier 1927 : Etienne Rognon. — Commission de l'Armée : examen du projet de loi approuvant la cession à la ville de Villefranche-de-Conflent (Pyrénées-Orientales) de terrains et bâtiments militaires provenant des fortifications déclassées de cette place.

3.752. — 14 janvier 1927. — Etienne Rognon. — Commission de l'Armée : examen du projet de loi portant approbation de l'acte du 16 juillet 1925 contenant cession à la ville de Saint-Malo des bâtiments du château, ainsi que des terrains des fortifications déclassées de Saint-Malo et autorisant l'Admnistration des domaines à procéder à la vente aux enchères publiques de l'îlot du Fort national.

3.753. — 14 janvier 1927 : Etienne Rognon. — Commission de l'Armée : examen du projet de loi autorisant la vente d'îlots et d'anciens ouvrages militaires du littoral.

3.871. — 24 janvier 1927 : FÉLIX GOUIN. — Commission de la Législation civile et criminelle : examen de la proposition de loi d'*Albert Sérol* modifiant l'article 2 du titre IX de la loi du 24 août 1790 (composition du greffe du tribunal).

II. — Propositions de loi présentées avec la signature de tous les membres du Groupe

2.939. — 2 juin 1926 : ERNEST COUTEAUX : ayant pour but d'accorder la gratuité des droits universitaires aux enfants des personnes non soumises à l'impôt général sur le revenu.

2.949. — 3 juin 1926 : CHASTANET : tendant à modifier la loi du 28 mars 1885 sur les marchés à terme.

2.956. — 3 juin 1926 : CHASTANET : tendant à enrayer la hausse des prix du blé, des farines et du pain.

3.057. — 29 juin 1926 : FÉLIX GOUIN : ayant pour but de proroger jusqu'au 1ᵉʳ janvier 1927 la législation sur les loyers en ce qui concerne les locaux à usage industriel ou commercial.

3.152. — 7 juillet 1926 : CHAUSSY : tendant à modifier la loi du 22 juillet 1922 concernant les retraites des agents des compagnies secondaires d'intérêt général, des voies ferrées d'intérêt local et des tramways.

3.177. — 8 juillet 1926 : EDOUARD BARTHE : tendant à compléter la loi du 6 mai 1919 sur le transport des vendanges et sur la protection des appellations d'origine.

3.264. — 30 juillet 1926 : FÉLIX GOUIN : ayant pour but de compléter et de modifier la loi du 1ᵉʳ avril 1926, relative aux rapports des bailleurs et les locataires de locaux d'habitation.

3.530. — 16 novembre 1926 : ROGNON : tendant à étendre des dispositions du titre VI de la loi du 14 avril 1924 aux retraités antérieurs à cette loi, appartenant aux catégories de personnels admis, par application de l'article 69, au bénéfice de cette loi, ainsi qu'à leurs veuves et à leurs orphelins.

3.549. — 18 novembre 1926 : PAUL CONSTANS : tendant à déclarer l'Etat héritier de la propriété littéraire des auteurs, artistes et compositeurs et leurs cessionnaires.

3.598. — 25 novembre 1926 : BEAUVILLAIN : portant modifications à la loi du 8 décembre 1883 relative à l'élection des membres des tribunaux de commerce, à celle du 19 février 1908 concernant l'élection des Chambres de commerce et des Chambres consultatives des Arts et Manufactures, et au Livre IV du Code du travail et de la Prévoyance sociale concernant les élections au Conseil de prud'hommes.

3.669. — 8 décembre 1926 : FÉLIX GOUIN : tendant à exonérer des droits de timbre et d'enregistrement les petits litiges.

3.721. — 18 décembre 1926 : tendant à créer un Office national de l'habitation et une caisse nationale du logement.

3.750. — 14 janvier 1927 : ETIENNE ROGNON : tendant à modifier l'article 20 et le paragraphe 5 de l'article 102 de la loi du 1ᵉʳ avril 1923 concernant le recrutement de l'armée.

3.862. — 20 janvier 1927 : Chastanet tendant à la création d'une banque des communes et des départements.

3.749. — 14 janvier 1927 : Canavelli : tendant à rétablir la Commission des postes, télégraphes et téléphones.

CONTRE-PROJETS SOCIALISTES

N° 2. — 2 août 1926 : Compère-Morel. — Amendement au projet de loi N° 3.273, tendant à assurer dans de meilleures conditions le ravitaillement en blé, en farine et en pain. (Office du blé.)

N° 8. — 4 août 1926 : Bedouce. — Amendement au projet de loi N° 3.287 ayant pour objet la création d'une caisse de gestion des bons de la Défense nationale. (Office des tabacs.)

III. — Propositions de résolution présentées avec la signature de tous les membres du Groupe

2.927. — 28 mai 1926 : Chaussy : tendant à inviter le Gouvernement à interdire la sortie de France de toutes les denrées indispensables à l'alimentation nationale.

3.003. — Juillet 1926 : Vincent Auriol : tendant à inviter le Gouvernement à ouvrir des négociations diplomatiques pour arriver au règlement des dettes franco-américaines.

3.043. — 7 juin 1926 : Chaussy : tendant à inviter le Gouvernement à enrayer la hausse exagérée et injustifiée du prix du pain.

3.318. — 5 août 1926 : Pierre Renaudel : tendant à la révision de l'article 8 de la loi constitutionnelle du 24 février 1875.

3.498. — 12 novembre 1926 : François Lefebvre : tendant à inviter le Gouvernement à déposer d'urgence un projet de loi modifiant la loi du 27 juillet 1921 en matière de saisie-arrêt sur les petits salaires et appointements.

IV. — Proposition de Résolution ou de Loi d'intérêt général déposées par un ou plusieurs Membres du Groupe

2.860. — 22 avril 1926 : Félix Gouin. — Institution d'un droit de récompense au profit de toute personne ayant trouvé des bijoux, valeurs ou argent liquide perdus par leur propriétaire.

2.875. — 24 avril 1926 : Albert Paulin : tendant à rendre plus efficace le contrôle des bureaux de placement privés et payants.

2.902. — 27 mai 1926 : Marius Moutet. — Conditions de recrutement militaire des Algériens non naturalisés.

2.909. — 27 mai 1926 : HENRI TASSO. — Création d'un ordre du « Mérite maritime ».

2.927. — 1er juin 1926 : ALBERT SÉROL : Boisement des terres incultes.

2.976. — 8 juin 1926 : GEORGES WEILL et PEIROTES : tendant à interdire la désignation sous le nom de « kirsch », avec ou sans qualificatif ou à l'aide d'une dénomination contenant le mot « kirsch » ou un mot indiquant ses dérivés, tout alcool ne provenant pas exclusivement de la distillation des cerises ou des merises.

3.019. — 15 juin 1926 : ETIENNE ROGNON : tendant à modifier les lois des 10 août 1917 et 30 mars 1921 concernant la prise de rang dans le grade de sous-lieutenant à titre définitif des officiers nommés à titre temporaire au cours des hostilités dans le cadre actif.

3.041. — 22 juin 1926 : MARIUS MOUTET. — Représentation au Parlement des indigènes non naturalisés de l'Algérie.

3.056. — 29 juin 1926 : CHARLES BARON. — Nomination d'une commission spéciale de 44 membres chargée d'examiner les projets et propositions de loi ayant pour objet l'institution du monopole de l'importation et du raffinage du pétrole brut et des produits qui en dérivent, ainsi que la création des ressources financières nécessaires à leur organisation et les projets ou propositions touchant la politique générale du pétrole.

3.145. — 6 juillet 1926 : EDOUARD BARTHE et plusieurs de ses collègues : tendant à procurer à l'agriculture française, la nicotine.

3.171. — 8 juillet 1926 : CHARLES BARON. — Classification des agents du service des laboratoires du Ministère des Finances dans les services actifs, pour la retraite.

3.242. — 27 juillet 1926 : HENRI TASSO. — Exonération de la taxe civique des titulaires des retraites ouvrières et paysannes.

3.250. — 27 juillet 1926 : ETIENNE ANTONELLI : tendant à préparer, par des mesures immédiates, le rétablissement financier et la stabilisation économique.

3.251. — 27 juillet 1926 : BUISSET. — Ouverture au Ministre de l'Agriculture, d'un crédit de 50.000 francs destiné aux populations de la commune de Dionay (Isère) victimes d'un orage, le 22 juin 1926.

3.298. — 4 août 1926 : EDOUARD BARTHE et plusieurs de ses collègues. — Encouragement et développement de la culture du ricin en France, en Algérie et dans nos colonies.

3.360. — 11 août 1926 : PEIROTES et GEORGES WEILL. — Extension des libertés municipales et développement des pouvoirs et de la responsabilité des autorités départementales.

3.423. — 12 novembre 1926 : ALBERT SÉROL : ayant pour but d'inviter le Gouvernement à reprendre sur de nouvelles bases les négociations avec les Etats-Unis, pour arriver à la libération immédiate de la France.

3.431. — 12 novembre 1926 : Georges Richard : tendant à la réduction du nombre des députés et des sénateurs et à proportionner leur nombre, au nombre des habitants.

3.458. — 12 novembre 1926 : Marius Moutet. — Modification de l'article 444 du Code d'instruction criminelle, concernant les conditions pour demander le droit de révision en matière pénale.

3.528. — 16 novembre 1926 : Raoul Evrard, César Bernard, Basly, Cadot, Maes, François Lefebvre, Goniaux, Couteaux. — Remise de la taxe civique payée ou à payer par elles, à toutes les personnes affranchies de l'impôt général sur le revenu.

3.576. — 23 novembre 1926 : Henri Tasso, Fernand Bouisson, Canavelli, Rémy-Roux. — Aide aux pêcheurs du littoral méditerranéen victimes des tempêtes au cours de l'année 1926.

3.596. — 26 novembre 1926 : Jules Uhry. — Création d'un tribunal à Creil.

3.681. — 17 décembre 1926 : Camille Bénassy : tendant à accorder des majorations de pension aux assurés aux retraites ouvrières et paysannes, mobilisés pendant la guerre 1914-1918.

3.761. — 14 janvier 1927 : Albert Sérol : tendant à modifier l'article 7 de la loi du 30 juin 1926 sur le renouvellement des baux à usage commercial et industriel.

3.858. — 20 janvier 1927 : Peirotes, Georges Weill et Lebas : tendant à inviter le Gouvernement à modifier par décret les conditions dans lesquelles les fonds municipaux et départementaux de chômage bénéficient des subventions du fonds national de chômage.

LE SÉNAT

Le Groupe socialiste du Sénat comprend 14 membres à la suite des élections du 9 janvier 1927 :

Auray (Seine), *Betoulle* (Haute-Vienne), *Brenier* (Isère), *Bruguier* (Gard), *Darteyre* (Puy-de-Dôme), *Dherbécourt* (Seine), *Fèvre* (Haute-Vienne), *Fourment* (Var), *Giraud* (Rhône), *Leclerc* (Haute-Vienne), *Reboul* (Hérault), *Valette* (Drôme), *Voilin* (Seine), *Voillot* (Rhône).

Le Groupe socialiste du Sénat a ainsi constitué son bureau :

Secrétaire : *Camille Reboul* ;
Trésorier : *Dherbécourt*.

A la suite de la constitution du Groupe socialiste du Sénat, les socialistes sont entrés dans les commissions et même au bureau du Sénat. *Valette* est élu, par 190 voix, secrétaire du Sénat.

Voici la liste des sénateurs socialistes inscrits dans les grandes commissions :

Administration générale : *Betoulle* et *Reboul* ;

Armée : *Voilin*.

Affaires étrangères : *Fourment* et *Valette* ;

Agriculture : *Reboul* ;

Commerce : *Brenier* et *Fèvre* ;

Douanes : *Bruguier* ;

Enseignement : *Dherbécourt* et *Brenier* ;

Hygiène : *Darteyre* et *Dherbécourt* ;

Législation : *Betoulle* et *Voillot* ;

Marine : *Giraud*.

Travaux publics : *Auray* et *Leclerc*.

En ce qui concerne la Commission des Finances, une décision interviendra ultérieurement ; mais, d'ores et déjà, le Groupe a désigné le citoyen *Bruguier* pour le représenter.

Les discussions

Le 30 juin 1926, dans la discussion sur la révision des baux, *Reboul* développa un amendement qu'il avait déposé, favorable aux coopératives agricoles de production. Il obtint satisfaction et retira son amendement.

Le 2 juillet 1926, dans la discussion générale du projet de loi adopté par la Chambre tendant à assurer, dans des conditions plus favorables, l'approvisionnement en blé, en farine et en pain, *Reboul* intervint également pour déclarer qu'il voterait le projet en souhaitant que le Gouvernement apporte un projet encore plus efficace comportant la déclaration, la réquisition et aussi la taxation ; il s'éleva, au cours de son intervention, contre les spéculateurs.

Le 3 août 1926, dans la discussion générale du projet de loi, adopté par la Chambre, portant création de nouvelles ressources fiscales, *Brenier* développa la pensée socialiste et exposa les conceptions du Parti concernant la contribution de la fortune acquise ; il annonça en même temps que les socialistes du Sénat voteraient contre le projet gouvernemental, après avoir exposé les avantages recueillis par les différents pays qui ont pratiqué le prélèvement sur le capital.

Le 7 août 1926, le citoyen *Reboul* intervint dans la discussion du projet de résolution tendant à insérer un article nouveau dans la loi constitutionnelle pour soutenir l'adjonction que *Renaudel* avait également proposée à la Chambre, tendant à limiter les droits du Sénat.

Reboul proposait la modification suivante :

« Sont ajoutées à l'article 8 de la loi constitutionnelle du 28 février 1875 les dispositions suivantes :

« 1° Dans le cas où la Chambre a employé la procédure normale pour le vote d'un projet ou d'une proposition de loi, le Sénat devra, dans le délai de trois mois (non compris les intersessions), adopter ou renvoyer pour examen nouveau à la Chambre les textes qui lui auront été transmis.

« Dans les cas d'application de la procédure de discussion immédiate, ce délai serait réduit à quinze jours.

« Dans les cas d'application de la procédure d'extrême urgence, ce délai serait réduit au maximum à trois jours.

« Lorsque les projets ou proposition de loi n'auront pas été adoptés par le Sénat ou renvoyés par lui dans les délais prévus, ils deviendront loi et seront promulgués par le Président de la République, sur l'avis conforme de la Chambre des Députés et du Gouvernement dans le texte adopté par la Chambre ;

« 2° Lorsque le Sénat a renvoyé pour modification un projet ou proposition de loi ou des articles de projet ou proposition qui lui ont été transmis en vertu d'un vote de la Chambre, la loi sera définitivement adoptée et promulguée dans le texte arrêté par la Chambre des Députés à son troisième examen, encore que le Sénat n'ait pas consenti à ces projet, proposition ou articles ».

Naturellement, le Président du Conseil s'opposa à cette résolution, qui fut rejetée par le Sénat, par 288 voix contre 7. (M. Cornand, républicain socialiste, ayant voté avec les sénateurs socialistes de cette époque.)

Le 12 novembre 1926, dans la discussion de l'ordre du jour, le citoyen *Reboul* demanda instamment au Sénat de vouloir bien inscrire à son ordre du jour la discussion du projet d'assurances sociales.

Le 15 décembre (discussion du Budget de l'Instruction publique), *Brenier* intervint pour demander à la Commission des Finances du Sénat de bien vouloir rétablir le crédit voté par la Chambre destiné à subventionner les œuvres complémentaires de l'Ecole. Finalement, *Brenier* obtint du Ministre et du Sénat un relèvement de 100.000 francs sur les 200.000 qu'il demandait.

Le 17 décembre 1926, sur l'ensemble du budget, *Brenier* expliqua les raisons pour lesquelles les six socialistes du Sénat voteraient contre l'ensemble du budget, et il attira l'attention du Gouvernement sur la gravité de la crise économique qui commençait.

Le budget fut voté par 280 voix contre 6.

Le 28 janvier 1927, à propos de la fixation de l'ordre du jour du Sénat, *Reboul* insista une fois de plus pour que le projet de loi sur les assurances sociales soit discuté le plus rapidement possible par le Sénat.

Proposition de loi (Sénat)

620. — 19 novembre 1926 : *Camille Reboul*. — Suppression de l'article 32 de la loi du 5 avril 1884 sur l'organisation municipale.

ASSEMBLÉE NATIONALE

L'Assemblée nationale se réunit le 10 Août.

Dès le début, *Renaudel* protesta contre la méthode du Président de l'Assemblée (M. de Selves) et indiqua que les socialistes sauraient faire respecter les droits des Représentants du peuple.

Quatre socialistes figurèrent dans la commission chargée d'examiner le projet de loi constitutionnelle tendant à compléter la loi constitutionnelle du 25 février 1875 ; c'étaient *Jean Locquin, Compère-Morel, Léon Blum* et *Renaudel*.

Léon Blum, au nom du Groupe socialiste au Parlement qui se trouvait réuni complètement pour la première fois à l'effet d'examiner un projet de loi, développe toute la thèse socialiste de prélèvement sur le capital et opposa le système socialiste au projet gouvernemental.

Dans le tumulte que déchaîna l'incapacité présidentielle, *Renaudel* ne put développer son contre-projet (1),

---

(1) Voir le texte 126ᵉ page.

auquel la question préalable fut opposée et votée à mains levées d'après le règlement désuet de l'Assemblée nationale.

Finalement, le projet de loi constitutionnelle fut adopté par 671 voix contre 144, les socialistes, députés et sénateurs, ayant voté naturellement contre.

**
* *

Ce rapport a été approuvé à l'unanimité par le Groupe socialiste au Parlement dans sa séance du 10 Février 1927.

TABLE ONOMASTIQUE

A

B

C

V

W

INDEX ANALYTIQUE

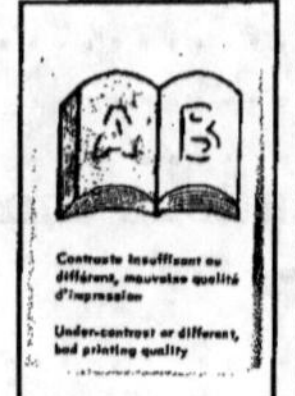

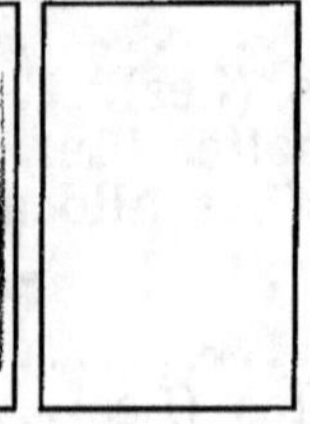